Die Frau in der Literatur

Leonhard und Charlott Frank

Charlott Frank

Sagen, was noch zu sagen ist

Mein Leben mit Leonhard Frank

Mit einem Nachwort von
Rita Mielke

Ullstein Taschenbuch

Die Frau in der Literatur

Ullstein Buch Nr. 30274
im Verlag Ullstein GmbH,
Frankfurt/M – Berlin

Ungekürzte Ausgabe

Umschlagentwurf:
Theodor Bayer-Eynck
unter Verwendung einer
Fotografie »Leonhard
Frank mit seiner Frau Charlott«
Fotografie von Georg Schödl, 1954
© Schiller-Nationalmuseum
Deutsches Literaturarchiv Marbach a. N.
Frontispiz: Leonhard Frank
und seine Frau Charlott
© Schiller-Nationalmuseum
Deutsches Literaturarchiv Marbach a. N.
Alle Rechte vorbehalten
Taschenbuchausgabe mit freundlicher
Genehmigung der Nymphenburger Verlagshandlung
i. d. Vlgs.-Gruppe Langen Müller/Herbig, München
© Nymphenburger Verlagshandlung GmbH, München, 1982
© dieser Ausgabe 1991
by Verlag Ullstein GmbH,
Frankfurt/M – Berlin
Printed in Germany 1991
Druck und Verarbeitung:
Ebner Ulm
ISBN 3 548 30274 2

Januar 1992

Die Deutsche Bibliothek – CIP-Einheitsaufnahme

Frank, Charlott:
Sagen, was noch zu sagen ist: mein Leben mit Leonhard Frank / Charlott Frank. –
Ungekürzte Ausg. – Frankfurt/M; Berlin: Ullstein, 1992
(Ullstein-Buch: Nr. 30274: Die Frau in der Literatur)
ISBN 3-548-30274-2
NE: GT

Inhalt

Berlin, London, Paris, New York

Die Schauspielschule des Preußischen, des früheren Königlichen Staatstheaters befand sich im »elektrisierenden Brennpunkt Deutschlands«, wie Leonhard Frank das Berlin der damaligen Jahre genannt hat, im Gebäude der Hochschule für Musik. Kameradschaftlich, gescheit, einfallsreich, witzig und unbeschwert waren die Schauspielschüler, auch wenn sie Geldsorgen hatten. Sie halfen einander aus. Die Bretter, die die Welt bedeuten, auf ihnen standen sie schon in der Kantine, die wir die »Bude« nannten. Es wurde getratscht und geklatscht. Man erzählte sich die neuesten Anekdoten von Max Liebermann in seinem Berliner Jargon, imitierte Max Pallenberg und die Sprachclownerien des berlinerischsten, aber aus Sachsen stammenden Schauspielers Max Adalbert. Das Lachen schüttelte uns, als ob wir in einem Karren auf holpriger Dorfstraße führen.

Die dunkelhaarigen, schmalhüftigen zukünftigen Cleopatras, blonden Gretchens, Ebolis, die kleinen, zarten Bergners, die Orskas, die Höflichs, die Straubs – sie alle hatten ihre Träume von der Zukunft. Alle glaubten, daß sie es schaffen würden. Von Hollywood, verächtlich als Traumfabrik bezeichnet, wurde kaum gesprochen, nur von Berlin, der Theatermetropole der Welt. Auch die großen Schauspieler hatten einmal in der Provinz angefangen, in Gera oder Potsdam, Oldenburg, später Nürnberg, Frankfurt oder München, Hamburg.

Berlin war das Endziel aller Wünsche und Sehnsüchte, die Stadt, die wir über alles liebten, wir, die jungen, noch unbekannten ebenso wie die berühmten Schauspieler. Als Max Pallenberg nach einer fünfzehn Monate langen Weltreise von Leonhard Frank am Bahnhof Zoo abgeholt wurde, gab er auf die Frage seines Freundes, was sein größter Eindruck gewesen sei, strahlend die Antwort: »Berlin!«

Ich war die Jüngste unter all den Zukunftshoffnungen, und eigentlich gehörte ich gar nicht dazu, denn ich besuchte die Opernschule. Aber ich durfte bei den Schauspielschülern sitzen und mitreden. Das war etwas Außergewöhnliches, denn zumeist blieben die Sänger und Musiker unter sich, kümmerten sich nicht um die Schauspieler, und umgekehrt war es genauso. Rosie, die Kantinenchefin, betreute die Küche. Ihre selbstgefärbten Haare waren karottenrot. Wäre sie nicht so klein und pummelig gewesen, hätte man sie ›groß‹ nennen können, so mächtig wirkte sie auf uns. Ihre Kantinenstrategie war einzigartig. Wie sie allein das alles zustande brachte, sich um jeden und jedes kümmerte, kochte, putzte, unser Gejammer anhörte oder uns aus irgendwelchen Gründen – oder aus kei-

nen – herumkommandierte wie auf dem Kasernen-
hof, das war ein Schauspiel für sich, eine »one man
show«, eine Mischung aus Cläre Waldoff und Käthe
Dorsch. War sie schlecht gelaunt, so ließ sie es an ›die
Meechens‹ aus: »Na wartet, ihr Schlampen! Wenn ick
mal'n Buch schreibe, da kommt ihr alle rin!«
Rosie war eine Theaternärrin. »Ick kenn se alle – ooch
die vom Film. Mit den Harry Piel ha' ick im ›Jrünen
Monokel‹ jedreht. Zwee Jroßaufnahmen von mir,
alle beede mit Piel.« Das Photo, der Rahmen mit
einer künstlichen Blume geschmückt, hing über der
Klappe im Ausschank.

Eines Nachmittags war in der Opernschule die erste
Bühnenprobe von »La Bohème« angesetzt. Es war
das erste Mal, daß ich mit Orchester sang. Das Lampenfieber schüttelte mich nur so. Mein Partner, der
den Rudolf sang, ein Italiener, ließ mich hängen. Ich
verpatzte meinen Einsatz und lief heulend in die Garderobe. Ich hätte nun nach Hause gehen können, da
sah ich einige Schauspieler, die die große Treppe zum
Vestibül herunterkamen. Sie hatten sich über die Brü-
stung gelehnt und riefen mir zu: »Du, Lo, mach doch
mal die Bergner nach!« – »Oder den Jessner!«
Ich imitierte Jessners Gang, seine Bewegungen, wie
er eine Szene erklärte. Sie hielten sich den Bauch vor
Lachen. Auf einmal eilte Holzapfel, der Portier, übrigens Rosies Vater, auf uns zu, zischte leise herauf:
»Hört doch uff mit det Jebrüll und det Jekicher«,

rannte schnell wieder davon. Auch die anderen waren plötzlich verschwunden. Ich drehte mich um und fiel vor Schreck fast zu Boden. Vor mir stand der Generalintendant des Preußischen Staatstheaters, Professor Leopold Jessner persönlich. Ich sah zu ihm empor, stopfte rasch die Notenblätter in meine Musikmappe und stand auf.

»Wie heißen Sie?« Mein Mund war so trocken, als wäre er voller Streuselkuchen.

»Charlotte Jäger«, brachte ich schließlich heraus.

»Gut, Fräulein Jäger. Finden Sie sich bitte am nächsten Dienstag um elf Uhr in der Generalintendanz ein.«

Ich wollte mich entschuldigen, begann zu stammeln, da war er schon zur Drehtür heraus.

Mir war übel vor Angst. Vier Nächte und drei Tage lagen vor mir. Vier schlaflose Nächte! Am Dienstag schlich ich in die Generalintendanz. Ein Mann mit einer Amtsmütze sah in eine Liste. »Zweiter Stock!« Ein Mann ohne Mütze begleitete mich. Seine blankgeputzten Gesundheitsstiefel quietschten auf dem Parkett. Er meldete mich an.

Ich betrat einen Riesenraum, an dessen Ende vor vier großen Fenstern mit Vorhängen bis auf den Boden ein schwerer Schreibtisch stand. Dahinter saß der Generalintendant. Sein ovaler Kopf mit der Halbglatze faszinierte mich. Er war ein breitschultriger Herr, sah streng aus, erhob sich etwas, deutete auf einen Stuhl vor dem Schreibtisch. Ich mußte das lange Zimmer durchqueren, dachte, es nähme kein Ende, setzte mich, schwitzte. Die Fußspitzen berührten gerade noch den Boden, ich hockte ganz am Rande des Stuhls, kippte beinahe nach vorn über. Beim Ordnen meines Hutes fiel die Handtasche herunter. Während des Gesprächs suchte ich sie vorsichtig mit dem Fuß in Stuhlnähe zu ziehen, ohne den Blick von Jessner abzuwenden. Er fragte, was ich studiere.

»Gesang.«

»Wie lange schon?«

»Seit zwei Jahren.«

Woher ich käme. Ob ich viel ins Theater ginge.

»Ja – nein – ich meine – ich – ich gehe viel in die Oper, weil ich ja Opernsängerin werden will.« Mein Blick heftete sich auf die rot-weiß gestreifte Fliege, die er statt eines Schlipses trug.

»Oder Operettensängerin, weil ich auch tanzen kann.« Vielleicht war er gar nicht so streng.

Er fragte nichts mehr, sah mich nur an. Auf dem nur handbreiten Fenstersims saß eine Taube, die ins Zimmer hineingurrte. Ich blickte wieder auf Jessner. In kleine Augen, auf eine große Nase. Er sagte immer noch nichts. Diese Stille war schrecklich. Plötzlich schob er seine Brille auf die Stirn und blätterte in einem Kalender.

»Melden Sie sich – am 2. Oktober –« seine Stimme bekam einen anderen Klang, er schlug die Blätter noch einmal zurück, » – zur Aufnahmeprüfung in die Staatliche Schauspielschule.« Er erhob sich und gab

9

mir die Hand. Ich schob den Stuhl mit den Kniekehlen beiseite, trat mehrere Schritte zurück, drehte mich um und ging bis an die Tür, die sich lautlos öffnete. Diesmal schien mir der Weg kürzer. Der Mann ohne Mütze stand wieder da. Ich wandte mich noch einmal um zum Generalintendanten, machte einen Knicks: »Oh, bitte – ich bedaure – es war damals nicht bös gemeint, Herr Professor!«

Jessner lächelte, hielt seine Hände gekreuzt auf dem Rücken, kam auf mich zu, mit langen Beinen, auf großen Füßen, verbeugte sich und überreichte mir meine Handtasche.

»Ach!« sagte ich und folgte verlegen dem Mann ohne Mütze.

Am Tag der Aufnahmeprüfung steckte ich den kleinen Kosmetikbeutel mit den Schminkutensilien in die Handtasche. Es war morgens um sieben. Dazu die abgegriffene, zerknitterte Karte: »Sie werden gebeten, am 2. Oktober um 10 Uhr zur Aufnahmeprüfung in die Staatliche Schauspielschule …«

Ich zog das kurze, tiefgegürtete hellblaue Kleid an, das die schlanken Beine sehen ließ. Das weiße Krägelchen lag fest um den Hals. Meine weißen Leinenschuhe vom Sommer hatte ich in der Farbe des Kleides eingefärbt, zwei Schleifchen draufgenäht, und ließ mir vom Schuster noch einen zweiten Lederflecken auf die Absätze nageln. Höhere Absätze machen schönere Beine. Für den Weg zog ich andere Schuhe an.

Es konnte einem ja im Omnibus jemand auf die Schuhe treten. Im grellen Rampenlicht sieht man alles.

Ich ging hinunter ins Vestibül. Es war fast leer. Viele Aspiranten waren schon durchgefallen. Wenn Holzapfel die Nummern aufrief, zuckten alle, als hätten sie einen elektrischen Schlag erhalten. Man wußte, daß von 250 Prüflingen höchstens 15 oder 20 aufgenommen wurden. Drei Rollen hatte jeder lernen müssen. Zwei klassische und eine moderne.

»Nummer siebenundvierzig!«

»Ja!«

»Fräulein Jäger!«

»Hier!«

Holzapfel kreuzte zwei Finger, kam mit mir, blieb in der Kulisse zurück. Ich ging bis zur Mitte der Bühne, sah mich um, holte mir einen Stuhl und einen Tisch, die zur Dekoration des »Fliegenden Holländers« gehörten.

»Herr Holzapfel« – ich machte ihm Zeichen – »helfen Sie mir doch!« flüsterte ich.

»Varrückt jeworden«, bedeutete er mir mit einem Tipp an die Stirn, wies mit dem Daumen auf die Prüfungskommission unten im Zuschauerraum.

Ich zog und schob den schweren Tisch allein bis an die Rampe, den Stuhl stellte ich davor, etwas schräg; mit meinem Taschentuch wischte ich noch rasch über die Sitzfläche. Holzapfel schlug die Augen zum Schnürboden.

»Was machen Sie denn da, Fräulein Jäger? Groß-reine? Bitte doch anzufangen«, rief es aus dem Dunkel herauf.

»Das Rampenlicht brennt nicht. Kann ich, bitte, einen Scheinwerfer haben?«

Jemand lachte laut auf. Holzapfel beeilte sich, das Rampenlicht wieder einzuschalten. Nach jedem Prüfling schaltete er es aus, um dem Vater Staat Geld zu sparen. Deutschland war jetzt eine Republik und Holzapfel war Sozialdemokrat.

Ich trat vor, begann mit der Eboli aus »Don Carlos«, hetzte den Text vor Lampenfieber herunter, blieb stecken, verstummte. Was war denn nur mit mir los?

»Haben Sie noch was?« Es war Jessners Stimme.

»Ja«, sagte ich leise, »die Eliza Doolittle. Die Pantoffelszene aus ›Pygmalion‹ von Bernard Shaw.«

»Danke Ihnen«, sagte Jessner, »das hätte ich auch so gewußt.«

Lachen im Zuschauerraum.

Ich fing an. Nach einer Weile rief es von unten: »Danke. Dankeschön!« Trotzdem spielte ich die Szene bis zu Ende, atmete schwer wie nach einem Hürdenlauf.

Stille im Saal. Ich setzte mich auf den Stuhl, die Hände im Schoß. Holzapfel winkte mir aus der Kulisse, schlenkerte mit den Armen wie ein Verkehrspolizist, ich solle doch endlich abgehen.

»Bitte, warten Sie draußen«, rief man zu mir herauf.

Ich hörte Geflüster, blieb sitzen. Dann kam der Satz, an den sich alle meine Hoffnung klammerte: »Bleiben Sie da, falls wir Sie wieder aufrufen. Warten Sie aber jetzt bitte draußen, Fräulein . . .«

»Fräulein Jäger«, sagte ich bescheiden, aber deutlich. Holzapfel gab mir einen weißen Zettel. »Was soll ich damit?« fragte ich ängstlich. Er gab mir einen Stups: »Warst jut, Meechen! Hast Schanksen, Schanksen, vastehste nich?« Er eilte hinaus.

Vier Stunden später war ich unter den fünfzehn Auserwählten. Mit mir Paula Denk, Karl John, Ursula Klein, Max Fromm, Grete Schmitt, Hilde Bühren . . .

Jessner hielt eine kurze Ansprache, gab jedem von uns die Hand und ging in einem blauen Zweireiher, Nadelstreifen, dazu die rot-weiß gestreifte Fliege, auf die Bühne. In seinem Gefolge Lucie Höflich, Ilka Grüning, Elisabeth Bergner, Lothar Müthel, Erich Engel, Walter Franck, Grete Ilm und Herr Koetsier, der den Sprechunterricht erteilte. Meine Freunde aus der Opernschule, die oben vom Rang heimlich zugehört hatten, umarmten und beglückwünschten mich. Ich war still vor Freude.

Mein erstes Engagement war Aachen. Zwei Jahre. Meine erste Rolle war die Jessica im »Kaufmann von Venedig«. Eine schöne Rolle. Mein Regisseur hieß Schröder. Die Proben fanden im Ballettsaal statt. Die Spiegel irritierten mich. Wohin man auch sah, man sah sich doppelt, dreifach, vierfach. Die Positionen wurden mit Kreide auf dem Parkettboden markiert.

Umbau – fünfte Szene. Shylocks Haus. Schröder rief von seinem Regiepult die Namen der Schauspieler auf. Ich war als erste oben. Hinter der Bühne wurde noch die Musik für den Maskenzug geprobt.

»Vorhang. Bitte Ruhe!«

Alles klappte. Die Szene hatte Tempo und konnte durchlaufen. Jessica, im Knabenanzug, kommt rasch aus dem Haus, um mit Lorenzo und Graziano zum Fest zu gehen.

»Ihr Herren, auf und fort –
Der Maskenzug erwartet schon uns dort.«

Sie eilt voraus ...

Schröder fuchtelt mit den Armen: »Halt, halt!«

Die Musik brach ab.

»Fräulein Jäger!«

»Ja, bitte?« Ich trat zur Rampe.

»Können Sie schwimmen?« fragte er.

»Nein.«

»Sind Sie lebensmüde?«

»Nein, warum?« Ich lachte.

Schröder lachte nicht: »Dann rennen Sie doch nicht immer in den Kanälen herum. Sie könnten ertrinken, Sie ahnungsloser Engel!«

Alles grinste. Ich hatte den bläulich schimmernden Staniolstreifen, der den Kanal markierte, nicht beachtet. Ich hätte in den Souffleurkasten versinken können.

»Kurze Pause!«

Ich wurde in die Theaterschneiderei gerufen. Mein

Kostüm sollte enger gemacht werden. Kaum war ich dort, wurde schon wieder eingeklingelt. Ich sauste die Treppen zurück.

Jessica steht zu Beginn ihrer Szene mit Lorenzo oben am Fenster. Ich kletterte die Sprossen der Leiter hoch.

»Halt sie fest«, rief ich einem Bühnenarbeiter zu. Die Bühne lag im Halbdunkel.

Lorenzo (leise): »He, wer da?«

Jessica (sie beugt sich etwas vor): »Wer seid Ihr? Wiewohl ich schwör, ich kenne Eure Stimme.«

»Lorenzo und Dein Liebster.«

»Lorenzo sicher – und mein Liebster, ja. Denn, wen lieb ich so sehr . . .«

»Bitte herunterkommen. Textänderung!«

Schröder stand mit seinem Regieassistenten schon auf der Bühne, als ich die Tür öffnete und aus der Hauskulisse trat. Sie besprächen gerade mit Lorenzo und der Souffleuse ein paar Striche. Schröder bat den Beleuchter, etwas mehr Licht zu geben.

»Ja – so – das ist gut. Fein. Danke!«

Im Zuschauerraum kicherte jemand.

»Ruhe, bitte!« rief der Inspizient. Und Schröder: »So, Fräulein Jäger, jetzt bitte wieder heraufgehen. Wir machen wei . . .«

Er stockte. Lorenzo lachte schallend. Alle schauten auf mich. Ich folgte ihren Blicken.

»Auch nicht übel«, meinte Schröder.

»Großer Gott!« Ich kreuzte blitzschnell die Arme

über meine Oberschenkel, um Strumpfhalter und Unterhöschen zu verdecken.

»Aber, aber, eine Jessica ohne Hosen? Ja, wo haben wir denn unsere ...?«

Ich fuhr ihn an: »Zum Trocknen aufgehängt, Herr Schröder. Zum Trocknen!« Rannte in die Schneiderei, weinte.

»Nu wein doch nich, Mächen, da sind doch noch ganz andere Sachens bei uns passiert«, sagte die Näherin. Sie hatte meine Hosen, die ich in der Aufregung vergessen hatte, inzwischen enger genäht. Nach der Mittagspause hatte ich mich beruhigt. An der letzten Szene hatte die Regie nichts auszusetzen. Schröder kam in die Garderobe: »Nichts mehr dran ändern. Nur darauf achten, daß Sie mir nicht zu leise werden. Es war gut so.« Er klopfte mir auf die Schulter.

Später hörte ich Schröder zu jemandem sagen: »Sie ist fleißig und sicher im Text. Alles kommt natürlich und instinktiv richtig. Wenn sie sich Zeit lassen würde, erst einmal nachzudenken, damit sie begreift, was sie redet: wenn nichts sie mehr daran hindert, sich in den Menschen zu verwandeln, den sie darstellt, kann sie einmal großartig werden. Sie hat eine starke Ausdruckskraft. Ist nur zu oberflächlich. Wenn sie nicht ihre Persönlichkeit findet, wird sie immer nur so gut sein, wie ihr Regisseur.«

Es war 1930. Der Intendant trug unter dem Revers ein Hakenkreuz, das NSDAP-Parteiabzeichen. Ich hatte noch kaum eine Ahnung, was das bedeutete. Wenige sahen damals voraus, was sich unter diesem Zeichen zutragen sollte. Ich war erstaunt, als, nach zweijährigem Engagement, einige Kollegen Briefe erhielten: »Sie sind für die nächste Spielzeit nicht mehr erwünscht...«

»Warum gerade die?« fragte ich.

»Die sind keine Arier.«

»Arier? Was ist das?«

»Der Intendant ist einer.«

Ich war so dumm. Ich hätte es wissen müssen. 1944 wurde meine Mutter ins KZ geschafft. Ich erfuhr es erst 1971.

Meine Eltern, die ich heute noch meine Eltern nenne, waren nicht meine richtigen Eltern. Ich bin die Tochter der Schwester meiner »Mutter«. Ernestine Lachmann starb mit neunzehn Jahren im Kindbett, eine schöne, rothaarige, begehrenswerte junge Frau. Mein »Vater« – ich setze auch hier die Anführungszeichen ohne Nebengedanken und nur der Ordnung halber – fiel im ersten Weltkrieg, 1915. Mein Großvater mütterlicherseits, Philipp Lachmann, war ein nicht sehr gläubiger jüdischer Uhrmacher, ursprünglich aus Graudenz, dann ein waschechter, deutschnationaler, eigentlich bis in die Knochen kaisertreuer Berliner, der seine Medaillen aus dem Krieg von 1870/71 stets am Revers seines ehrfurchtgebietenden schwarzen Gehrocks trug. Von meinem Vater sprach er immer nur als von »Jennem«, so sehr er es verabscheute, zu jiddeln. »Die deutsche Sprache ist doch eine sehr gute Sprache«, sagte er, »ich habe mich an sie gewöhnt.«

Mein Großvater war ärgerlich, daß meine Eltern mich, nach dem Glauben meines Vaters, katholisch erziehen ließen. Ich weiß nicht, ob mir diese Erziehung gefiel. Das Klosterinternat bei Berlin war mir zuwider, aber ich durfte bei den Puppenspielen der Religionslehrerin, Schwester Orissima, die uns Kinder liebte, mitmachen. Ich war die Requisiteurin. In meinem Zeugnis stand: »Charlotte hat zuviel Phantasie.«

Im Berliner Lyceum hatte ich einen pazifistischen Deutsch- und Geschichtslehrer, in den die halbe Klasse verknallt war wegen seines Witzes und seiner Gerechtigkeit. Ich fühlte mich klüger als mein eigentliches Alter und sang im Kirchenchor. Und ich hatte gesellschaftlich Kontakte, die mich aus der bürgerlichen Umgebung hoben, die ich mit meiner kleinen Mutter teilte, die ihre Witwenrente mit Putzmacherei aufbesserte. Wie Kinder eben ihre Große Welt suchen.

Der Vater meiner Schulfreundin Haidy war der Dichterkomponist und Dirigent Franz Schreker, ihre Mutter eine bekannte Sängerin. Als Schreker 1920 Direktor der Berliner Staatlichen Hochschule für Musik wurde, bezogen sie, von Wien kommend, eine imposante Villa in Berlin.

Ich war zum ersten Mal eingeladen, war zu früh, und trippelte nervös vor dem Haus auf und ab. Ein Fräulein in schwarzem Servierkleid mit einer kleinen weißen Schürze öffnete und nahm mir den Hut und den Mantel ab. Die Blumen gab ich ihr nicht. Meine Mutter hatte mir gesagt, ich solle sie persönlich überreichen. Ich stand vor einem Gang voller eleganter Türen und zwischen lauter Spiegeln.

»Aber warum gehst denn nicht hinein, Herzerl?« Eine große, schlanke, wunderschöne Frau mit kurzgeschnittenen Haaren, dunklen Augen und sehr weißer Haut stand vor mir.

»Wegen der vielen Türen. Ich weiß ja nicht, wo . . .« Sie lachte, öffnete eine Tür.

»Haiderl, hier ist dein Besuch.«

Auf einem zierlichen Teetisch lagen Löffel, kleine Gabeln, Messerchen, mit denen ich nichts anzufangen wußte.

Ich war bald Kind im Hause, und im Hause wurde nicht nur musiziert, sondern auch Theater gespielt. Haidy schrieb alle Stücke selbst, nächtelang, in Schulhefte. Las sie ein Buch, wandelte sie Passagen in Szenen um, nachtwandlerisch sicher die Rollen, Auftritte, Monologe und Dialoge erfassend. Wenn wir spielten, hatten wir ein gutes, fachkundiges Publikum: den Bühnenbildner Professor Emil Pirchan, die Musikschriftsteller Oskar Bie und Leo Kestenberg, Walter Gmeindl, Trude Rottenberg, die Braut Paul Hindemiths, die junge Pianistin Inge Eichwede und Hans Heller, Lilli Ehrmann natürlich, den Gesangspädagogen Professor Daniel, den Generalintendanten Franz Ludwig Hörth, Generalmusikdirektor Leo Blech und den berühmten Wagner-Sänger Theo Scheidl.

Meine Großeltern waren in Graudenz vierspännig Schlitten gefahren, bevor Graudenz an die Polen fiel, und hatten sieben Kinder. Vier Söhne und drei Töchter. Die Töchter waren meine Mutter, meine eigentliche Mutter Ernestine und die mürrische Meta, die nur kurz mit einem Bäcker verheiratet war, sich wie eine Vogelscheuche kleidete und in dem Bett meiner Mutter starb, in dem sie geboren worden war.
Von den Söhnen war Max der schwächlichste. Er studierte, las Hegel, Hölderlin und Schopenhauer.
»Liest sich noch die Augen aus dem Kopf, wird noch krank davon. Philosophie – pah – zu was?« fragte der Großvater die Großmutter. »Gib Ruh', Philipp.«
Max wurde krank, aber nicht vom Lesen. Er wollte auch in den Krieg, wie sein Bruder Hermann und wurde nur genommen, weil er darauf drängte. Nach einem dreiviertel Jahr wurde er aus dem Feld zurückgeschickt, zum Trost der Großeltern nach Berlin. In einem Lazarett in der Seestraße lag Max auf einer hohen Metallbettstelle, spuckte in eine Flasche. Ich stand verängstigt neben meiner Mutter, sah die ande-

ren Kriegsversehrten. Sie hatten die gleichen bleichen und eingefallenen Gesichter wie Onkel Max.

»Brauchst du was, Liebling?« fragte die Großmutter.

»Dich.«

Er starb in den Armen der Großmutter an dem Tag, als wieder einmal ein Sieg über Frankreich gefeiert wurde, Sedan, obwohl der Krieg noch gar nicht zu Ende war. Seine Nickelbrille und einen schmalen Gedichtband steckte die Großmutter in ihre Handtasche. Dann ging sie hinüber zur anderen Seite des Krankenzimmers, auf eine junge Frau zu, die ganz verloren im Saal stand. Vor das Bett ihres Mannes hatte man einen weißbespannten Wandschirm gestellt. Auch sie war jeden Tag gekommen, wie die Großmutter.

Großmutter fragte leise: »Wann?«

»Heute morgen um sieben. Ich war schon da. Er konnte erst nicht einschlafen. Dann ist er doch eingeschlafen und nicht mehr aufgewacht.«

Großmutter knöpfte ihr den Mantel zu.

»Er war 25, so alt wie ich.«

»Und wie mein Max«, sagte die Großmutter. »Gehen wir.«

Alle Söhne der Großeltern waren im Krieg. Fritz spielte hinter der Front im Etappentheater. Später im Varieté, dann auf großen Bühnen, dann tingelte er verloren herum. Großvater verstieß ihn, tilgte ihn aus seinem Leben. Onkel Fritz, der lustige Hallodri, erschoß sich.

Von Hermann hörten sie lange nichts. Es brachte die Großeltern fast um den Verstand. Eines Nachts kam er zurück, grau im Gesicht, verdreckt, im langen Mantel, Lappen um die Stiefel gewickelt, mit einer Ente, Brot, Wurst, französischem Cognac, einem Pelzkragen für die Großmutter und – Durchfall.

»Gott verhüte! Soll nichts Schlimmeres sein. Das bringen wir schon wieder in Ordnung«, sagte der Großvater.

Hermann sagte: »Es waren gute Leute. Wir hatten einen schweren Stand«, seine Stimme wurde leiser – er sprach langsam: »Hätten nicht anfangen sollen. Jetzt ist der Krieg verloren. Armes Vaterland! Da kommt noch was nach, Vater! Nichts gutes!«

»Schlaf jetzt, Hermann«, sagten beide wie aus einem Mund und blieben bei ihm sitzen.

Cäsars Rückkehr ließ am längsten auf sich warten. Er kam mit einer Frau, einer Bulgarin. Cäsar wollte Uhrmacher werden, wie der Großvater, zeigte ihm eine flache, elegante Uhr mit Monogramm und einem Einschuß im Deckel. Er erzählte dem Großvater, er hätte sie noch repariert, bevor der Herr Oberst wieder an die Front mußte. Der Herr Oberst hatte ihm die Hand gegeben und einen Tag Urlaub.

»Als ich zurückkam, war der Herr Oberst tot. Ein Mensch stirbt, und seine Uhr tickt weiter, Vaterleben.«

Er wog die Uhr in seiner Handfläche.

Sieben Kinder hatten die Großeltern, und Großvater hatte sie alle selbst mit auf die Welt gebracht. Auf seine Weise. Er lag, immer, wenn es so weit war, auf dem Roßhaarsofa, machte sich kalte Kompressen und fragte, die Treppe zum Kindbett hinaufstürmend, alle Viertelstunde: »Also, was ist?«

»Noch nichts.«

»Ach Gott!«

Warf die Tür wieder hinter sich zu, legte sich erneut nieder, näßte einen neuen Umschlag, legte ihn sich auf den Kopf und jammerte: »Das macht sie absichtlich. Als ob ich nicht existiere.«

War das Kind geboren, fand er seine Frau, nicht ohne die Hebamme, ›das Vieh‹, hinauszuschmeißen, mit feuchten Haarsträhnen im Gesicht, strich sie ihr zur Seite, streichelte ihre Wangen, küßte ihre Augen und sagte, wenn es eine Tochter war: »Auch gut, Klaraleben«, zog die Schuhe aus, legte sich neben sie, die Großmutter zur Seite schiebend und seufzte: »Um mich hat sich kein Mensch gekümmert, Klara.«

Als ich im Weihnachtskonzert des Kirchenchors die erste Strophe von »Tochter Zion« solo sang, mogelte ich dem Großvater zwei »persönliche Ehrenkarten« unter. Er zog seinen Frack mit den Kriegsmedaillen an und mogelte sich seinerseits in die erste Reihe. Dann beschloß er, »der Katholischen« die Gesangsausbildung zu bezahlen. Wir waren versöhnt. Und ich wurde Schauspielerin.

»Post für mich da?« fragte ich den Pförtner im Aachener Theater.

Ein Brief vom Bühnennachweis!

Zwei Stufen auf einmal nehmend, rannte ich in den Probesaal, riß die Tür auf, daß die Umherstehenden zusammenfuhren.

»Seht her! Seht doch bloß her!« Alle blickten mir beim Lesen der Formulare über die Schulter.

»Menschenskind!« – »Berlin!« – »So eine Chance!«

Es war eine Aufforderung, mich im Staatlichen Schauspielhaus vorzustellen. Ich war fast verrückt vor Freude.

»Was sagt ihr nun? Nun sagt doch was!«

Gar nichts sagten sie. Umarmten mich, gaben mir dann gute Ratschläge.

Auf dem Bahnhof standen die Kollegen beschützend um mich herum.

»Ich werde euch vermissen.«

Ich winkte ihnen noch lange nach, den Freunden, den angedichteten Liebhabern und dem einen, der es wirklich war, wenn auch nur für kurze Zeit.

Als ich Jessner in Berlin traf, sagte er mir: »Schließen Sie jetzt keinen Vertrag. Es ist zu spät.«

»Warum ist es zu spät, Herr Professor?« fragte ich.

Wir verließen das Haus. An der Ecke Joachimsthaler Straße und Kurfürstendamm blieb er plötzlich stehen: »Sie hören wieder von mir. Haben Sie Geduld! Unternehmen Sie nichts!« Er wirkte müde, wie er davonschritt.

Ein paar Tage später rief Jessner mich an, ich solle noch einmal in die Joachimsthaler Straße kommen. Dort fand ich ihn zu meiner Überraschung im Kreise junger Schauspieler, darunter Fritz Melchior, Franz Ludwig Eisig, Erwin Parker, Lydia Busch, Wolfgang Heinz, Arnold Marlé, Hedwig Schlichter, Lotte Jessner, Emil Rameau und Hans Marland. Jessner eröffnete uns seinen Plan einer Tournée junger Schauspieler durch Holland, Belgien und England.

Wir waren die erste deutsche Theatergruppe, die 1933 Deutschland verließ.

Es war der 27. September 1933, und ich hatte noch nichts begriffen. Wir hatten blendende Kritiken und schlechte Kassen. In London ging uns die Puste aus. Ich wollte dort bleiben und besuchte Jessner. Er sah mich lange an.

»Verstehen Sie nun, warum ich Ihnen riet, den Vertrag nicht zu unterschreiben?«

Ich weinte. Jessner hielt mich fest.

»Ich werde Sie nie vergessen, Herr Professor!«

»Alles Gute, Fräulein Jäger!«

Ich ging langsam die Treppe hinunter.

An der Biegung des Geländers drehte ich mich um:

»Was werden Sie jetzt machen? Bleiben Sie hier?«

Er zuckte mit den Schultern.

Daß ich 27 Jahre nicht nach Deutschland zurückkehren sollte, es wäre mir nicht einmal im Traum eingefallen. Daß Jessner, mein Schauspiellehrer, einmal die Hand über mich halten und mein Leben schützen sollte, darauf wäre ich nie gekommen. Es ging ja nicht nur um mich. So also hatte er sich diese Tournée gedacht.

Heute bin ich diesem großartigen Lehrer und Theatermann dankbar. Von London fuhr ich nach Paris.

An einem milden Herbsttag stand ich mit vielem Gepäck und wenig Geld vor einem Mann, dem ich seit Berlin oft geschrieben hatte. Auch, daß ich ihn liebte, aber nicht kochen könne.

Das lasse sich lernen, schrieb er zurück, und daß sein Leben jetzt in Paris anders verlaufe als in Berlin, wesentlich bescheidener.

Kurt L. London war der einzige Sohn gutsituierter Berliner Eltern. Er war ein kluger und musischer Mensch, liebte Musik und wollte Musik studieren. Sein Vater, ein Geschäftsmann, schüttelte sich bei dem Gedanken an einen brotlosen Beruf. Kurt, der sehr an seinen Eltern hing, folgte dem Willen des Vaters, studierte Jura, promovierte zum Dr. jur., studierte aber, nebenbei, auch Musik und schrieb Theaterkritiken.

Diesem jungen, ruhigen, sehr begabten, fast schüchternen Mann war ich in Berlin auf einer Gesellschaft begegnet. Die Verbindung riß nie ab. Ich traf ihn oft im Kreise seiner Freunde. Wir gingen ins Kino, in Cafés.

Er hatte einen kritischen, hellsichtigen Verstand. Er verließ Deutschland schon Anfang 1933. Auf einer Silvester-Party, 1932, riet er seinen jüdischen Freunden, vor der Barbarei zu fliehen und außer Landes zu gehen. Sie lachten ihn aus. Nur er blieb unbeirrt und emigrierte. Nach Paris. Er hatte Glück. Seine Sprachkenntnisse und einige journalistische Erfahrung ermöglichten ihm die Tätigkeit als Korrespondent verschiedener Zeitungen. Wir hatten viele Briefe gewechselt. Nun war ich da.

Kurt sagte: »Du siehst reizend aus.« Wir fuhren gerade am Arc de Triomphe und an der Ecôle Militaire vorbei.

»Et maintenant – der Eiffelturm, gleich um die Ecke ist das Hotel.«

Er sagte nicht »unser Hotel«.

Wir wohnten unter Emigranten und Franzosen, mit einem ekelhaften Chauvinisten als Wirt, der überwiegend von Ausländern lebte. Unser Tisch war ein Arbeits-, Eß-, Näh-, Bügel- und Kartoffelschältisch, der immer wieder ab- und umgeräumt werden mußte. Wir hatten Streit wegen einer Lampe, die ich mit einem hübschen Schirm versah. Kurt war sie zu dunkel zum Arbeiten. Sein Widerstand war ein Lächeln. Mich brachte es zur Weißglut.

Kurt konnte den Behörden nachweisen, wovon er lebte. Er bekam inzwischen Zeitungsaufträge aus der

Schweiz. Meine »Carte d'Identité« lief ab, und damit auch meine Aufenthaltsgenehmigung. Wir heirateten auf der Basis wackliger Exiltreue.

Ich kaufte ein schwarzes Strohhütchen, garnierte es mit weißen Blumen aus Organza und hatte Kurt lieb. Zu Hause probierte ich mein schwarzes Taftkostüm an. Es saß. Nur den engen Rock mußte ich durch einen Schlitz erweitern, damit ich würdig zum Standesamt gehen konnte und nicht trippeln mußte. Ich erstand noch Spitzenhandschuhe mit Rüschen und ein Fläschchen Parfüm, das teurer war, als Hut und Handschuhe zusammen. Keine Tasche. Dazu reichte es nicht mehr. Kamm, Taschentuch, Lippenstift und Puderdose steckte ich Kurt, zusammen mit einem Glücksgroschen, in die Jackentasche. Er nahm alles wieder heraus und brachte es in seiner Manteltasche unter.

Gleich nach der Trauung zog sich London zurück in ein französisches Dorf, um ein Buch über Filmmusik zu schreiben. Paris war mir fremd. London schien vertraut. Am Tag meiner Abreise erhielt ich eine Karte von meinem Mann. Er schrieb, er fühle sich sehr wohl, seine Wirtsleute seien reizend, ein entzükkendes Wesen leiste ihm Gesellschaft, anhänglich und zärtlich begleite sie ihn auf Spaziergängen und störe ihn nicht bei der Arbeit. Er komme gut voran und hoffe, bald wieder in Paris zu sein.

Ich war froh, wieder in London zu sein. Das einzige, was in Paris ›geklappt‹ hatte, war ein Kabarettabend gewesen, den reiche französische und deutsche Juden ermöglicht hatten. Lilli Palmer und ihre Schwester, Irene Prador, sangen Wiener Lieder, ein junger Dichter rezitierte Verse von Ringelnatz, Morgenstern und Eigenes zur Laute. Gerda Redlich erzählte, auf dem Flügel sitzend, eine tragikomische Geschichte von einem davongelaufenen Liebhaber, so süß und zart, wie sie selbst aussah, kündigte auch die Programmnummern an, in kurzem Kleidchen, Wadenstrümpfen und mit großer Schleife im Haar. Ich sang »L'amour toujours« und »Cocktail for two«. Das erste war zu leise. Beim zweiten blieb ich stecken und sang mit selbsterfundenen Worten weiter. Es muß ein ziemlicher Blödsinn gewesen sein, aber niemand schien es zu bemerken. Kaum Beifall. Aber meine Parodien und Clownerien in verschiedenen deutschen Dialekten schlugen ein. Die Zuhörer fühlten sich für ein paar Minuten in ihre Heimat zurückversetzt.

In London lernte ich Englisch, gewann Freunde und sprach kleine Rollen bei der BBC, hatte attraktive Rollen in Aussicht. Dann wurde ich plötzlich krank. Keuchhusten. Aber die Krankheit war nicht so schlimm wie das zermürbende Gefühl, nun sei alles vorbei. Vorbei die guten und hilfreichen Kontakte – man wird mich vergessen. Futsch die neue Rolle! Ich hätte in einem Tschechow-Stück mit Ralph Richardson spielen sollen. Eine andere wird die Rolle bekommen. Keine Filmbesprechung mit Alexander Korda, auf die ich monatelang gewartet habe und für die ich für teures Geld neue Fotos hatte machen lassen. Kein Interview mit W. A. Darlington für den »Daily Telegraph«, der so wohlwollend über mich geschrieben hat. Und dabei war das Ziel so nahe gewesen!

Kurt brachte alles wieder in Ordnung. Er hatte mich ab und zu in London besucht, kam aber nur, um die Sprache zu lernen, wohnte, um sich konzentrieren zu können, woanders und hatte ein Verhältnis mit seiner Zimmerwirtin.

»Es wird Krieg geben. Man muß raus aus Europa«, sagte er und reiste sechs Wochen durch Rußland. Er hatte einen Zeitungsauftrag. Eine reiche, attraktive Amerikanerin, die er auf der Reise traf, begeisterte ihn für die USA. Sie hatte Einfluß und schickte die lebensnotwendigen Papiere für unsere Ausreise. Kurt fuhr voraus. Ich brachte ihn zum Zug nach Southampton.

»Es wird schon alles gutgehen«, sagte mein Mann. Wir gingen auf dem Bahnsteig auf und ab.

»Halt das Geld zusammen!«

»Hm.«

»Kauf keine Kinkerlitzchen.«

»Hm, hm.«

»Wir werden jeden Pfennig brauchen!«

»Ja, jetzt kommt der Zug.«

Ich rief zum Fenster hinauf – die Hand konnte ich ihm nicht reichen, dazu war ich zu klein: »Ich kann auch anhänglich und zärtlich sein, Kurt!«

»Ich weiß es, Lottchen.«

Wenig später kam ich nach. Mein Mann holte mich am Pier ab. Ich sah in ein schmales Gesicht, einen hübschen Mund, ein Lächeln, das mir Herzklopfen verursachte. Hinter der großen Brille kleine graublaue Augen, aus denen Unsicherheit und Besorgnis sprachen. Nach der Umarmung – Freude.

Ich saß neben meinem Mann im Taxi mit Glasdach, durch das man die hohen, riesigen Gebäude sehen konnte.

»Du siehst reizend aus«, sagte er.

»Das da ist das Empire State Building. Hier, der Times Square. Und jetzt der Broadway. Gleich ist es soweit. So, die 104. Straße. Und hier ist unsere Wohnung.«

Diesmal sagte er »unsere« Wohnung. In Paris hatte er »das« Hotel gesagt.

Er trug mich über die Schwelle.

Ich stand im Wohnzimmer des kleinen Apartments, blickte über einen Schreibtisch, dessen vorbildliche Ordnung mir so wohlvertraut war, durch zwei weite Fenster auf einen einsamen Baum, dessen Äste noch kahl waren, auf die Rückseite des Nebenhauses in der 104. Straße West. Die Straße lag zwischen Broadway und dem Riverside Drive. Wenn es nachts still war, hörte man über dem Hudson die Sirenen der großen Schiffe, die Europa mit Amerika verbanden, und wenn der Wind in unsere Richtung wehte, das Geschrei der Möwen und das Tuckern der Lotsenboote. Ich empfand keine Sehnsucht nach Europa.

Genau fünf Jahre nach meiner Ankunft, an einem strahlend schönen Tag, wurde ich einer der damals 180 Millionen Amerikaner.

Die Sehnsucht, wieder Theater zu spielen, hatte bei mir nie aufgehört. Nach dem Einleben in unserer kleinen Wohnung schlug ich in den Zeitungen zuerst die Theaternachrichten auf. Besuchen konnte ich damals Theater noch nicht. Sie waren unerschwinglich. Als ich einmal in den Spiegel sah, gab mir eine innere Stimme einen Stoß. Nun geh schon. Du weißt doch, was du willst! Ich wollte wieder schauspielern.

Man gab mir zuerst kleine, später größere Rollen am Radio. Als im Sommertheater in Woodstock »Sappho« angesetzt war, wurde mir angeboten, für eine erkrankte Schauspielerin einzuspringen. Es war eine Hauptrolle. Aus Mangel an Selbstvertrauen sagte ich ab und verdarb mir eine große Chance. Ich bezahlte mit schlaflosen Nächten.

Wie damals in Berlin, 1929. Am Schwarzen Brett hing die Besetzung für »Karl und Anna« von Leonhard Frank:

Uraufführung

Anna . . . . Käthe Dorsch
Karl . . . . Oskar Homolka
Richard . . . . Heinrich George
Marie . . . .

Die Marie war noch nicht besetzt.

»Wilhelm, ist die Rolle der Marie noch frei?«

»Weeß ick nich«, er schob seinen Kopf aus dem kleinen Portierfenster, winkte mir, näherzukommen.

»Wenn de nischt sachst, rat ick dir wat. Jeh ruff uff
Probebühne vier, jleich rechs. Da is der Frank mit die
Dorsch. Frach ihn. Villeicht jefällste.«

Ich sauste los, nach links, er beugte sich noch weiter
aus seinem Fenster, rief mir hinterher: »Rechs,
Schwarzkopp, Probebühne vier hab ick doch jesacht.
Ameesen im Kopp, wat? Ham se alle.« Er klappte das
Fenster zu.

Ich klopfte vorsichtig an eine schwarze Eisentür, auf
die mit Kreide eine große 4 geschrieben war. Im gleichen Moment ging die Tür auf. Erschrocken sprang
ich zur Seite. Käthe Dorsch und der Dichter Leonhard
Frank gingen an mir vorüber. Ich wagte nicht, ihn
anzusprechen. Sie gingen in lebhaftem Gespräch die
Treppe hinunter. Ich folgte ihnen langsam, an Wil-
helms Fenster vorbei. Der guckte mich fragend an.
Ich schüttelte den Kopf, er zuckte mit den Schultern.

Ich folgte den beiden bis zu Lutter & Wegner, seit
den Zeiten E. T. A. Hoffmanns ein berühmtes Wein-

lokal. Dort aßen wohlhabende Bürger, berühmte Schauspieler und Politiker. Ich setzte mich an einen kleinen Tisch und beobachtete Käthe Dorsch und Leonhard Frank – ein schöner, schlanker Mann mit silbergrauem Haar, großen blauen Augen und auffallend schmalen Händen. Ich beneidete die Dorsch.

Der Oberkellner legte eine Speisekarte von Atlasgröße vor mich hin, blieb stehen, schob die Vase hin und her.

»Also, was darf's sein?«

»Einen Himbeersaft.«

»Hier können Sie nur essen.«

Ich ging zurück in die Kantine und aß einen Rollmops.

Viele Jahre später sagte Leonhard Frank zu mir: Hättest du nur Mut gehabt, dann wärst du schon damals meine Frau geworden. Die Rolle der Marie erhielt Lucie Mannheim. Sie wurde weltberühmt.

In New York trafen sich die Schauspieler in »Walgreen's Drugstore« am Times Square im Herzen Manhattans, nur einen Katzensprung von den Theatern des Broadway entfernt. Wir suchten in den Inseraten der »Broadway News« nach einem Job. Es war nicht viel anders als in Berlin. Wir hatten kein Geld und Kollegen halfen als kleine Mäzene. Aber die Konkurrenz war viel größer. Aus ganz Amerika kamen die schönsten Mädchen nach New York, um einen Lehrer und eine Chance zu finden, am Broadway entdeckt zu werden. Theaterschulen gab es kaum. Privatlehrer nur für viel Geld. Ein Repertoire-theater europäischen Stils kannte man nicht. Der Büh-nennachweis, Equity genannt, konnte kaum etwas für die fremden Unbekannten tun.

Rose Dias und ihr Mann waren unsere ersten wirk-lichen Freunde in Amerika. Beide waren gütige Men-schen und große Patrioten. Ihr Reichtum war ihnen nicht zu Kopf gestiegen, und sie halfen, wo sie konnten.

Mrs. Dias bat mich zum Lunch. Sie wohnte ein paar Minuten entfernt.

»Was ist los, Darling?«

»Ooch, nichts.« Und dann erzählte ich, daß ich noch immer nichts erreicht hätte.

»Sei nicht so töricht. Rom ist auch nicht an einem Tag erbaut worden.« Sie lachte. »Du kommst zum Lunch zu uns. Die Girls freuen sich schon auf dich.«

Die »Girls« waren fast alle um die Fünfzig – manche älter. Ich mochte sie. Sie sprachen über das schöne alte Europa und was aus ihm werden würde und be-wunderten ihren Präsidenten und seine nicht minder bedeutende Frau, die so viel für die Flüchtlinge tat.

Auch über mich sprachen sie, über »lucky Lotti«, die ein undankbares, ungeduldiges Mädchen sei – und viel zu mager. Und daß man etwas für mich tun müsse. Außerdem wollten sie mich zu einem fabel-haften Arzt schicken.

Eine Woche später bekam ich meinen ersten Job.

Ich sprang fast bis zur Decke.
»Eine Radiosendung bei der National Broadcasting Corporation! Was sagst du nun, Kurt!«
»Iß jetzt!«
»Liebst du mich?«
»Ja, doch.«
Ich brauchte keinen Arzt mehr.

Es war ein großer Glücksfall, in einer »Soap Opera« eine wirkungsvolle Rolle zu erwischen. Diese von der Industrie finanzierten Serien zogen sich oft jahrelang hin. Kinder bekamen Stimmbruch, wurden erwachsen, junge Mitwirkende wurden älter, alte starben darüber hin und wurden ersetzt. Die Serie »Life can be beautiful« lief 27 Jahre. Jeden Tag 15 Minuten. Hausfrauen hörten beim Kochen und Bügeln zu. Hörer identifizierten sich mit den Figuren. Ich spielte eine lungenkranke Einwanderin mit italienischem Akzent. Nach einem Jahr mußte ich sterben, nachdem die American Medical Association dagegen protestiert hatte, daß unsere Sendung bei den Zuhörern falsche Vorstellungen über den Ablauf der galoppierenden Schwindsucht erwecke. Ich starb verfrüht, vor allem für unser Budget, obwohl ich bei einem Lungenfacharzt für 40 Dollar Honorar Unterricht im Husten und allen sonstigen Symptomen meiner Radiokrankheit genommen hatte und er sehr zufrieden mit mir war. Meine Sterbeszene war von schönem Orgelspiel untermalt und rührte mich.

1939 kam der Krieg. Kurt hatte ihn vorausgesagt und sich nur um ein Jahr geirrt. Ich fragte ihn, ob die Nazis siegen werden. Er meinte, wenn Hitler angreift, wird er den Krieg verlieren. Und eines Tages werden die Amerikaner in den Krieg eingreifen und seinen Ausgang bestimmen. Wer den Krieg gewinnen werde, wollte ich wissen. Stalin und Roosevelt, meinte Kurt. Nur, wie lange der Krieg dauern werde, darüber ließe sich noch nichts sagen.

Kurt war klug. 1941 wurde er nach Washington ans State Departement gerufen. Für ihn begann eine erstaunliche Regierungslaufbahn. Rosa Dias riet mir: »Geh zu deinem Mann. Es ist richtig. Und es ist sicherer. Natürlich hast du das Theater im Kopf. Aber du kannst nicht ständig das eine vom anderen trennen. Einmal wirst du dich entscheiden müssen. Es ist nicht gut für eine Ehe, einen Nebenbuhler zu haben.«

Zum Abschied gab sie mir den Rat, endlich erwachsen zu werden. Ich folgte Kurt nach Washington. Es war keine Ehe mehr, aber ich wollte mir Mühe geben.

2

Begegnung mit Leonhard Frank

Mein neues Leben begann an einem Augusttag 1948 auf einer Farm in der Nähe von Kingston, drei Autostunden von New York entfernt.

»Er kommt wieder mal unangemeldet, hat nur kurz telefoniert und ein Zimmer verlangt. Was sagt man dazu?«

Der Name des Ankömmlings ging im fröhlichen Gelächter der Gäste unter.

»Ein anspruchsvoller Mann – und schwierig, sehr schwierig. Wir haben ihn aber trotzdem gern«, sagte Bobs, unsere resolute Wirtin, und schrie zu meiner Freundin die Treppe hinauf: »Lore! Du mußt umziehen. Ich brauche dein Zimmer!«

»Aber, das ist doch Quatsch, Bobs. Morgen fahr' ich ab, und jetzt soll ich noch umziehen? Hab' noch nicht mal gepackt!« Sie knallte die Tür zu.

»Aber, er wartet doch nicht, Sakrament noch a mol!«

Ich stand herum, amüsierte mich über das Tohuwabohu des Haus- und Gästebetriebs.

Bobs rannte mit Überzuglaken, Kopfkissenbezügen, Handtüchern die Treppe hinauf: »Beeilt euch!« rief sie übers Geländer. »Damn it! Wo zum Kuckuck sind die Zimmerschlüssel? Also, Lore, du mußt raus, er will sein Zimmer haben. Er besteht darauf! Mach schon, sei so nett!«

Bobs redete gleichzeitig in zwei Sprachen: Deutsch im Nürnberger Dialekt und Englisch mit deutschem Akzent. Sie war ein Unikum, klein, rund, jung und recht hübsch. Sie besaß ein Herz aus Gold, viel Humor, einen Mann und zwei Kinder. Der Mann hatte in Deutschland Jura studiert, mußte seine Prüfung in den USA wiederholen, bestand sie mit Ach und Krach und erhielt eine Stelle in einer Anwaltskanzlei. Aber er mußte sie wieder aufgeben, als Bobs bestimmte, er werde auf der Farm notwendiger gebraucht. Martin schimpfte ständig darüber und erzählte, was für ein Opfer »die Familie« ihm abverlangt habe, er wäre der bedeutendste Anwalt der USA geworden, hätte bestimmt das Gangstertum in ganz Amerika ausgerottet.

»Halt den Mund, Martin«, unterbrach dann Bobs seinen Redeschwall, »hilf lieber jetzt im Stall!«

»In Kingston aber bestimmt, da hätte ich . . .«

»Ja, ja, yes, yes«, bestätigte Bobs, »you are the greatest!«

Kingston hatte nur achtzigtausend Einwohner!

Eines Tages wurde ein Traktor angeschafft. Von da an war Martin ein anderer Mensch.

Fragte man: »Wo ist Martin?«, so hieß es: »Er ist mit dem Traktor unterwegs.« Stolz ratterte er irgendwo den Horizont entlang.

Bobs hatte eine mächtige Schiffsglocke an das Haus montieren lassen, das Zeichen für ihren Mann: »Sofort nach Hause!« Darauf hörte er.

Martin war ein gutaussehender junger Jude, lustig und zu jedem Unsinn bereit. Seinem »old boy«, dem knallroten Traktor, galt seine ganze Fürsorge, morgens, mittags und abends, wenn er ihn in den Schuppen zurückfuhr. Kinderwagen ließ er draußen stehen, Wäsche auf der Leine hängen, Schaufeln und Besen vor dem Scheunentor herumliegen – »old boy« aber stand sicher und liebevoll zugedeckt in seinem Verschlag.

Dann war da noch »Mama« Ullmann. Sie war mehr gefürchtet als beliebt, aber nach ihrem Tod wurde sie sehr vermißt. Ihre Beerdigung glich einem Staatsbegräbnis – so viele Leute kamen aus allen Teilen New Yorks, aus Washington, selbst aus Seattle an der Westküste. Alte und neuere Gäste, Freunde und Bekannte wollten der »Mama« das letzte Adieu sagen. Bobs war ihre jüngste Tochter und ihr Lieblingskind.

Jetzt war sie der Boß. Papa Ullmann war drei Jahre vorher gestorben. Er war ein großer, schlanker Mann; gutmütig, ein leidenschaftlicher Raucher. Junge Mädchen waren sein Faible. Abends schlich er oft die schmale Treppe zu ihnen hinauf, um sie mit den großen Federbetten fest zuzudecken. »Damit's halt net so frieren«, meinte er und lachte verschmitzt. Wir pfiffen, wenn Mama Ullmann ihn im Hause suchte, damit er rechtzeitig aus den Zimmern verschwinden konnte. Dabei war alles ganz harmlos, aber »Mama« wurde böse, wenn sie ihn erwischte. Sie zankten sich, vertrugen sich wieder. Ihre Goldene Hochzeit kam einer deutsch-amerikanischen Verbrüderung gleich, so beliebt war das Ehepaar im Ort und der Umgebung: »Oh – the Ullmanns! Very nice people!«

Wie Mama und Papa mit vier Kindern – die in verschiedenen Ländern zur Welt gekommen waren und dennoch, gleich in welcher Umgebung sie aufwuchsen, alle Nürnbergerisch sprachen – nun zusammen auf einer Farm in den USA, in den Catskills, gelandet waren, dort aus einem zweihundert Jahre alten ramponierten Holzhaus ein gemütliches Gästehaus schufen, das war eine Meisterleistung. Die Gäste kamen immer wieder, vor allem deutsche Emigranten. Manche trafen einander hier nach jahrelangen Odysseen. Man hörte viele Sprachen und Dialekte. Für die Älteren war diese Farm ein Stück Heimat, das sie nicht vergessen konnten, für die Jüngeren, bereits Assimilierten, ein Vergnügen.

Plötzlich wußte ich, wer der erwartete Gast war: der Dichter Leonhard Frank. Ich hatte in der letzten Woche ein Buch von ihm gelesen, einen Liebesroman. Es war mir schwergefallen, nach so langer Zeit wieder Deutsch zu lesen. Nicht, daß ich die Sprache nicht mehr beherrschte, aber das Englische war mir zur Gewohnheit geworden, die Sprache paßte mir wie eine

Haut. Das Land, in dem ich lebte, gefiel mir – das weit entfernte Land meiner Geburt war ein Land der Rechtlosigkeit und Barbarei geworden. Das Böse überschattete die Erinnerung und verdrängte auch das Gute. Daß ich dort geboren war, änderte nichts daran. Der Wille, in »God's own country« ein guter Bürger zu werden, war jetzt entscheidend. Ich und viele andere mußten ja dieses Land lieben, das so viele Verzweifelte zu einer Zeit aufnahm, als das Leben ihr einziger Besitz war.

Bobs rief aus dem Fenster: »Essen! Hurry! Come on, kids!« Einige der »kids« waren über siebzig Jahre alt. Danach herrschte für zwei Stunden Ruhe im Haus. Ein Geräusch auf dem Kiesweg weckte mich. Ein blaues Auto war vorgefahren.

Ich ging die Treppe hinunter zur Veranda. Ein weißhaariger, schlanker Mann ging an mir vorbei. Er hielt unter dem linken Arm ein Manuskript, darüber hing ein Schlips, der Hemdkragen war offen – das Jackett lag locker über den Schultern. Er sah erschöpft aus.

Die Tür zur Veranda öffnete sich. Der weißhaarige Mann hielt sie noch eine Weile offen – bis der Kater Sammy es sich überlegt hatte, ob er ins Haus hinein wollte oder nicht. Sammy flitzte stattdessen auf einen Baum.

Der Neuankömmling setzte sich uns gegenüber auf die niedrige Mauer, die ein Blumenrondell umrahmte. Er wandte das Gesicht der Sonne zu.

Meine Freundin Lotte saß auf der Bank. Ich setzte mich zu ihr. »Erzähl was«, sagte ich leise. »Sieh doch nicht dauernd hinüber!«

»Warum nicht? Hübsche Frauen hat er gern.«

»Bobs hat gesagt, er spricht mit niemandem. Sogar bei Tisch liest er noch die Zeitung. Auch wenn er nicht allein sitzt.«

»Stimmt«, sagte Lotte, »aber mit dir wird er sprechen.«

»Wieso?«

»Frauen müssen so schlank wie Nußbäumchen sein, hat er gesagt – und du bist eins.«

Wir standen auf und gingen zum Seeufer hinunter. Er hatte blaue Augen – große blaue Augen.

Das Telefon läutete. Bobs sagte: »Ich komme gleich wieder. Paß auf Tommely auf!« und rannte ins Haus. Tommely war ihr Jüngstes, das im Kinderwagen lag.

Ich saß im Schatten einer mächtigen Eiche, so alt wie das Farmhaus. Es war unerträglich heiß. Kein Blatt, keine Blume bewegte sich. Auch die Vögel und Grillen schwiegen. Die Hügel lagen in lähmender Dunsthitze. Ich dachte an die Menschen, die jetzt im stickigen New York arbeiten mußten, und schaukelte Tommely vorsichtig.

Plötzlich stand der weißhaarige Mann vor mir, in kurzärmeligem Hemd, in Shorts, ein weißes Frotteetuch um den Hals, seinen Tennisschläger mit beiden

Händen quer über dem Rücken haltend: »Ist das Ihr Kind?«

»Nein! Es gehört der Bobs.«

»Haben Sie selber Kinder?«

»Nein.«

»Wie heißen Sie?«

Ich nannte meinen Namen und schob meinen Finger in Tommelys winziges Händchen.

»Darf ich mich zu Ihnen setzen?« Auf dem Stuhl lag mein Schal. Er setzte sich darauf. »Wo lebt Ihre Mutter?«

»Ich habe keine Mutter.«

»Wo lebt dann Ihre Schwester?«

»Ich habe auch keine Schwester – ich habe niemanden mehr.«

Er stand auf, ging hin und her, blieb vor mir stehen, sah mich an: »Sie sind es, die ich seit achtzehn Jahren suche.«

Ich war so verblüfft, daß ich nur mühsam fragen konnte: »Wie können Sie mich suchen? Sie kennen mich doch gar nicht!«

»Sie haben 1932 in Berlin im ›Romanischen Café‹ gesessen!«

»Woher wissen Sie das? Da war ich nur ein einziges Mal.«

»Ich weiß sogar noch, was Sie damals anhatten. Ein rotes Kleid, eine weiße Baskenmütze auf Ihrem rabenschwarzen Haar und weiße Handschuhe.« Ich hätte an einem Tisch gleich neben dem Eingang auf der Kante eines Stuhls gesessen, einen Kaffee bestellt und sofort bezahlt, aber nicht angerührt.

Er könnte ein Bild von mir gesehen haben, dachte ich. Ich hatte schließlich, zwischen Aachen und der Jessner-Tournée, ohne Vertrag im Staatlichen Schauspielhaus am Gendarmenmarkt und im Schiller-Theater gespielt und war viel fotografiert worden. Das Ganze war nichts als eine »Dichter-Werbung«. Gar kein dummer Einfall, um eine Frau zu erobern.

»Sie warteten damals auf jemanden. Ein blonder junger Mann kam nach ein paar Minuten herein, hat sich zu Ihnen heruntergebeugt, etwas gesagt und ist dann mit Ihnen weggegangen.«

Als er diesen jungen Mann beschrieb, etwa einen Meter achtzig groß, mit blondem, zurückgekämmtem Haar, großer Hornbrille – ein typisch deutscher Intellektueller – unterbrach ich ihn: »Das ist mein Mann! Mit ihm bin ich seit 13 Jahren verheiratet. Wir leben in Washington.«

Er setzte sich wieder, blickte auf meine nackten Schultern. Verlegen sagte ich: »Kann ich bitte meinen Schal haben?« – deutete auf den roten Seidenzipfel, der an seinem Stuhlbein herunterhing.

Er erhob sich sofort: »Oh, das tut mir leid! Der schöne Schal!« Er legte ihn um meine Schultern, ohne sie dabei zu berühren: »Rot scheint Ihre Lieblingsfarbe zu sein!«

Bobs kam auf uns zu.

Der Gast mußte mir meine Verwirrung angemerkt haben: »Wir werden noch viel miteinander sprechen.« Er ging. Ich erzählte Bobs sofort alles ... und daß er mir meinen Mann so genau beschrieben habe. »Das kann doch nicht einfach erfunden sein! Was meinst du?«

»Fantastisch!« Sie beugte sich über ihr Kind.

Die Hitze hatte nachgelassen. Bobs schlug vor, ein Stück spazierenzugehen.

»Ich habe nach Tisch nicht geschlafen. Ich möchte es jetzt tun.«

»O. K., kid!«

Ich wog nur hundertzwei Pfund, mußte viel liegen und zunehmen, alle zwei Stunden etwas essen und viel Sahne trinken. Ich war nicht krank, aber zu dünn.

Leonhard Frank lag unter einem Obstbaum auf dem Rücken, die Hände unter dem Kopf, drehte sich um und sagte: »Mit mir würden Sie sehr glücklich werden!«

Ich blickte ihn belustigt an.

»Haben Sie nur Vertrauen«, sagte er.

»Woher wissen Sie, daß ich bei Ihnen glücklich werden würde?«

»Weil Sie Glück brauchen! Ich würde sehr gut zu Ihnen sein. Sie brauchen viel Liebe und Zärtlichkeit.«

»Dann können Sie ja so freundlich sein und mir meinen Liegestuhl hineintragen!«

Ich stand abrupt auf. Er klappte den Liegestuhl zusammen, nahm mir die Decke ab, schlenderte neben mir her, am Blumenrondell vorbei, auf dessen Mäuerchen jetzt die Gäste saßen und sich unterhielten, bis es Zeit zum Abendessen war. Als wir an ihnen vorbei waren, flüsterte Frank mir zu: »Jetzt weiß jeder, daß du mir gehörst!«

Wir gingen hinter das Haus, um den Liegestuhl dort in einen kleinen Schuppen zu stellen. Ich war drei Schritte voraus: »Dort drüben in die Ecke, bitte!«

Er stellte den Stuhl hin, riß mich an sich. Ich befreite mich, rannte, so schnell ich konnte, ins Haus, in mein Zimmer, verbarrikadierte die Tür, indem ich den Tisch, den Stuhl und die Kommode davorschob. Setzte mich aufs Bett. Plötzlich klopfte es, ›Jetzt kommt er in mein Zimmer!‹ Ich gab keine Antwort, rührte mich nicht.

»Komm, mach doch auf!«

Es war Karl, Bobs' älterer Bruder.

»Ich bring dir deine Milch.«

Ach, daran hatte ich gar nicht mehr gedacht.

Jeden Abend um halb zehn bekam ich noch zwei Kekse und ein Glas Milch mit einem kräftigen Schuß Sahne. Ich schob schnell Tisch und Stuhl und die kleine Kommode wieder an ihre Plätze zurück.

»Was hast bloß heut'? Ja mei! Was ist denn hier los? Bist narrisch g'worden?« Er stellte Teller und Glas auf den Nachttisch.

Ich erzählte aufgeregt, was geschehen war: ». . . und dann hat er mich an sich gerissen und geküßt!«

»Und deshalb schiebst du die ganzen Möbel vor die Tür?« Er lachte laut los.

»Ich hab' doch keinen Schlüssel . . . wenn er kommt.«

»Das macht der nie und nimmer! Der ist ein Schentelmen. Hübsche Frauen hat er gern. Aber, daß er so was macht – nie im Leben!«

»Aber ich verlange doch einen Schlüssel«, sagte ich mit Entschiedenheit.

»Es passiert gar nichts! Gib a Ruh' und trink dei Milch!«

»Ja. Danke, Karl!«

»Erzähl der Mama nix davon – niemandem!«

Er schüttelte den Kopf.

Das konnte bedeuten, daß er es nicht tun würde – oder daß er mich für schwachsinnig hielt.

Immer wieder ging ich Frank aus dem Weg. Wenn ich Ping-Pong spielte und er plötzlich kam und zuschaute, mußte ich aufhören. Ich konnte nicht mehr schlafen, nicht mehr essen, und im Speisesaal mochte ich auch nicht mehr sitzen, weil er immer zu mir herübersah. Einmal brachte er mir wortlos ein Glas Wein an meinen Tisch. Am Abend ging ich zu Mama:

»Kann ich mit euch in der Küche essen?«

»Dann mußt' noch warten«, brummte sie, »die Familie ißt immer erst, wenn die Gäste fertig sind.«

Eines Tages stand Frank unerwartet im Türrahmen des kleinen Zimmers neben der Küche und fragte: »Ißt sie auch brav? Hat sie schon zugenommen?«
»Du gehst jetzt fei naus und laßt sie zufrieden, das sag ich dir!« antwortete Mama.
»Ob sie zugenommen hat, wollte ich wissen.«
»Ja, zwei Pfund!«
»Sehr viel ist das gerade nicht«, sagte er und ging.

Ich hatte mich mit einem jüdischen Ehepaar angefreundet, das jeden Morgen schon um sieben Uhr zur Post ging, um Briefe und Zeitungen abzuholen. Auf die Farm kam der Bote nicht vor halb elf. Sie warteten ständig ungeduldig auf Nachricht von ihren Kindern. Von einem Sohn, der in Tel Aviv gerade im Ärzteexamen stand, und von einer Tochter aus New York, weil ein Kind, das erste, unterwegs war. Fragte man die zukünftige Großmutter, ob sie sich einen Jungen oder ein Mädchen wünsche, so sagte sie nur: »Was weiß ich? Was rauskommt, wird geliebt!« Der Beamte auf der Post mochte die beiden alten Leutchen gern und legte oft schon ihre Briefe zur Seite.
»Das ist Amerika!« sagte Mr. Kahn zu Rosali. Sie nickte, und zum Beamten sagte er: »You are my friend!«
Der Postbeamte tröstete vor allem Rosali, wenn einmal nichts für sie da war: »Keine Sorge, Mrs. Kahn! Sicher kommt morgen ein Brief für Sie.«

»Wer sorgt sich? Ich sorge mich nicht«, sagte sie und wischte sich mit dem Handrücken über die Augen.

Zur Post mußte man um den See herumgehen. Oft rannte ich dem Ehepaar nach. Wenn sie links herum wollten, bat ich: »Gehen wir doch bitte rechts!« Wollten sie am nächsten Morgen rechts herum, bat ich: »Heute lieber links, ja Rosali?« Sie zog nur die Schultern hoch. Mr. Kahn murmelte: »Meschugge!« Ich hatte Angst, Frank zu begegnen. Ich wollte ihm nicht »in die Arme laufen«. Trotzdem begegneten wir ihm jedes Mal. Er grüßte freundlich, sah mich an, zog an seiner Zigarette und blies mit gespitzten Lippen den Rauch in meine Richtung. Es kam einem Kuß gleich. Ich spürte, daß er mir nachblickte, mußte mich zwingen, mich nicht nach ihm umzudrehen. ›Aber, du lieber Himmel! Er kann doch nicht jedesmal wissen, welchen Weg wir gehen‹, platzte ich heraus. Ich sprach zu mir selbst, ›und beobachten konnte er uns doch auch nicht!‹ Sein Zimmer lag auf der Rückseite des Hauses, ohne Blick auf den See, und die Farm war groß. ›Viele Wege führen zum Postamt – und – und – und – also, ich verstehe nichts mehr!‹ ›Schicksal, Kid!‹ würde Bobs sagen. ›Ach, Blödsinn‹, dachte ich und schubste energisch einen Stein aus dem Weg.

»Kennen Sie eigentlich das Buch ›Der Mensch ist gut‹?« unterbrach Mr. Kahn meine Gedanken, »Leonhard Franks Buch gegen den Krieg?« Ich schüttelte den Kopf.

»Wenn Sie wüßten, was es für ein Aufsehen erregt hat, damals, 1917! Kennen Sie überhaupt die Geschichte des Buches?« fragte Mrs. Kahn.

»Ich hab's nicht gelesen«, antwortete ich gereizt, weil ich mich schämte, es nicht zu kennen.

Er sprach nicht nur über den Inhalt der Erzählung, sondern auch darüber, daß Frank für sein gesamtes Honorar Tausende von Exemplaren – das Buch war in der Schweiz geschrieben worden und dort auch erschienen – gekauft habe. Der Verlag habe die Bücher in seinem Auftrag durch eine Berner Regierungsstelle nach Deutschland gesandt. Auf dem titellosen Buchdeckel war ein Kamel mit einem Beduinen auf dem Rücken abgebildet. Eine Vorsichtsmaßnahme, da das Buch in Deutschland verboten war.

»Stellen Sie sich vor, ein Deutscher hat ein Buch gegen den Krieg geschrieben! Dazu gehörte Mut!«

Ob die Bücher denn in Deutschland angekommen seien, wollte ich wissen.

»Ja! Und Schüler schrieben mit der Hand heimlich Seite für Seite ab. Gymnasiallehrer und Universitätsprofessoren zitierten es. Andere sorgten dafür, daß broschierte Exemplare an die Front geschickt wurden. Sehen Sie, auch solche Leute gab's in unserem Deutschland!«

Mr. Kahn liebte Deutschland.

»Ich war auch im Krieg.« Er hatte sich freiwillig gemeldet. Rosali hob die Hand mit einer heftig abwehrenden Bewegung: »Hör auf!«

Mr. Kahn trug eine Beinprothese, und das linke Glas seiner Brille war stumpf. Ich schob meinen rechten Arm unter seinen linken. Rechts stützte er sich auf seinen Stock, dessen Spitze in einem schwarzen Gummistopfen endete:

»Wer weiß, vielleicht hat dieses Buch zum Waffenstillstand 1918 beigetragen.«

Plötzlich blieb er stehen, um einen Frosch vorbeihüpfen zu lassen. Rosali faßte sich vor Schreck an die linke Brust.

»Später, nach dem Krieg, erhielt Frank den Kleist-Preis für dieses Buch.«

»Und trotzdem kam Hitler«, sagte Rosali.

Als ich auf die Farm zurückkam, saß Karl, Bobs' Bruder, auf der Bank vor der Scheune. Ich setzte mich zu ihm. Er war ein ruhiger, besonnener Mann. Ich streckte die Beine aus, legte meinen Kopf auf Sammys Rücken. Der Kater kauerte auf der Rücklehne der Bank.

»Ich weiß nicht, was mit mir los ist!

Karl sah mich an.

»Ich glaube, ich werde verrückt!«

Karl klopfte am Stiefelabsatz die Asche seiner Pfeife aus.

»Ich glaube, ich muß zu einem Psychiater.«

Er stopfte die Pfeife neu, steckte sie an, zog ein paarmal kräftig und schnell hintereinander, bis sie gleichmäßig brannte, hustete, bis er puterrot im Gesicht war, und spuckte in hohem Bogen auf den Misthaufen. Es klang, als ob man auf eine Knallerbse trat. Das Streichholz warf er hinterher. Er hatte sonnengebräunte kräftige Hände mit vorstehenden Adern. Karl konnte die schönsten Bauernschränke schreinern und bemalen. Es war sein Hobby und ein lukratives dazu. Hundert Jahre alt hätte er werden müssen, um allen Aufträgen nachkommen zu können.

»Kennst du einen Arzt? Hier in der Nähe?«

»Dir fehlt nix!«

»Ich kann nicht essen, nicht schlafen. Ich glaube, ich bin krank, Karl! Was soll ich bloß machen?«

Er drehte sich zu mir: »Nicht immer weglaufen!«

»Ich weiß, ich benehme mich wie ein Backfisch und nicht wie eine Frau, die seit dreizehn Jahren verheiratet ist. Ich verstehe es selbst nicht.« Karl stand auf.

»Woher kommt die Angst, Karl?«

»Hast keinen Mut!«

Ein feiner Regen hatte eingesetzt, dabei schien die Sonne noch.

»Das gibt einen schönen Regenbogen, Karl!«

»Ich muß nach Kingston – einkaufen. Willst mitfahren?«

»Ja, gern!« Ich sprang auf.

»Und noch zum Friedhof.«

»Zu Papa?«

Karl nickte, ging zum Auto.

»Soll ich Blumen holen?« rief ich ihm nach.

»Wennst dich beeilst.«

»Nein«, schrie Bobs aus dem Fenster, »laß es! Ich war heute morgen da.« Mir fiel ein, daß heute Papas Todestag war. Ach, deshalb hatte Mama sich gar nicht sehen lassen.

»Ich hätte auch gern Blumen aufs Grab gelegt, Bobs.«

»Warst ja net da. We looked for you«, rief sie zurück und verschwand.

Da könnte ich mich gleich nach ein paar Büchern von Frank in der Bibliothek erkundigen, dachte ich und fühlte mich besser.

»Hey, Karl! Don't forget die Pillen für die alte Wolf und die zwei Schnuller für Tommely«, rief Bobs, sich weit aus dem Fenster beugend. »Und meine Ohrringe. Aber nur grüne, hörst du!«

Karl tippte sich an die Stirn.

»Ich besorge sie dir, Bobs«, sagte ich.

»Okay, kid. Thanks!«

Wir fuhren los. Bobs rief uns noch etwas nach. Wir konnten es nicht verstehen, weil Martin mit dem Traktor in den Hof einfuhr. »Im Westen sieht der Himmel schon ganz schwarz aus. Kommen wir da nicht in ein Unwetter hinein, Karl?«

Er lachte. »Es passiert gar nix!«

»Die Gewitter hier haben's aber in sich. Oft gleich drei, vier überm Haus.« Ich kurbelte mein Fenster hoch, Karl das seine herunter.

Plötzlich riß es Karl fast das Steuer aus der Hand. Wir

gerieten mitten in einen Hurrikan. Die Scheibenwischer waren abgebrochen. Karl hielt den Wagen an:
»Wir müssen warten!«
»Bis morgen früh, Karl?«
»No, das geht so schnell vorüber, wie's kommt, wenn wir Glück haben!«
Und wir hatten Glück!

Als wir bereits die Hälfte des Rückweges hinter uns hatten, wurden wir angehalten. Feuerwehrautos und Löschzüge rasten an uns vorbei. Sirenen heulten ohne Pause. Ein Mann rief Karl etwas zu.
»Mach die Tür auf«, schrie Karl, »spring raus«, er rutschte nach, stieß mich fast aus dem Wagen. Rannte auf den Mann zu, raste zurück: »Hau die Tür zu!« Und fuhr über Wiesen, quer durch Felder, zurück auf die Straße, in einem wahnwitzigen Tempo. Die Scheune unserer Farm brannte lichterloh: es hatte eingeschlagen. Das Vieh brüllte. Die meisten Gäste waren noch unterwegs. Andere rannten durcheinander. Ich sah, daß Leonhard Frank half. Ich fragte ihn, ob die Tiere im Stall . . .? Er nickte.
»Alle?«
»Nicht alle!«
Es stank entsetzlich.
»Geh ins Haus«, sagte er.
»Wo sind Mama, Bobs, die Kinder?«
»Drüben«, er zeigte über die Wiese, »bei den Nachbarn.«

Ich atmete auf.

»Wo waren Sie, als es einschlug?«

»In Ihrem Zimmer.«

Ich ging hinauf. Der ganze Tisch voller Blumen! Auf einem kleinen Stück Papier stand »... und ich lieb' dich«. Ich trat zum Fenster, im gleichen Augenblick hob er den Kopf. Ich lehnte die Stirn an das kühle Glas, ließ ihn nicht aus den Augen. Niemand kam zum Abendessen. Alle halfen und gingen todmüde ins Bett.

Seine Blumen waren verwelkt, lagen auf dem Schutthaufen hinter der abgebrannten Scheune, deren verkohlte, übrig gebliebene Holzteile zu grotesken Figuren gekrümmt noch herumlagen. Es hätten auch die Überreste aus der Werkstatt eines verrückten Künstlers sein können, der aus Baumstämmen und Holzabfällen makabre Köpfe, Arme, Gelenke geschnitzt hatte. Immer noch roch es nach Verbranntem. Die angesengten Holzkübel, aus denen die Tiere ihr Wasser schlappten, lagen verstreut herum oder waren bis fast zum See hinuntergerollt.

Auf meiner Kommode, vom Fuß einer altmodischen Uhr beschwert, deren helle, blecherne Schläge jede Viertelstunde anzeigten, lag der kleine Zettel mit der Liebesbotschaft. Ich hatte eine solche altmodische deutsche Handschrift lange nicht mehr gesehen. Sie war eine Kindheitserinnerung. Galt meine Rührung ihr oder der Liebeserklärung? Wahrscheinlich beiden.

Sammy, der Kater, bog seinen Kopf um die Tür, sah
ins Zimmer, verfolgte eine dicke Hummel, die gegen
die Zimmerdecke stieß. Ich betrachtete Sammy. Warum kamen mir plötzlich die Tränen? Weil der alte
Streuner beim Brand mit dem Leben davongekom-
men war, als er sich in fremden Gärten auf Braut-
schau herumtrieb? Ich nahm ihn hoch, schüttelte ihn
mit ausgestreckten Armen in der Luft: »Na, was
willst du bei mir?«
Ich kuschelte mein Gesicht an seinen weißen Nacken.
»Der weißhaarige Mann liebt mich«, flüsterte ich ihm
ins Ohr. Sammy schüttelte seinen Kopf kurz und heftig, wischte sich mit der Pfote übers Ohr, sah mich
vorwurfsvoll an. »Du weißt doch, daß ich an den Ohren empfindlich bin«, schien sein Blick zu sagen. »Ich
wollte dir ja nur erzählen, daß du ihn kennst. Er hielt
dir einmal die Tür auf und wartete geduldig, ob du
ins Haus wolltest oder nicht. Du aber bist blitzschnell
auf einen Baum gesprungen, von Ast zu Ast, bis hinauf zur Spitze, hast deinen Schwanz um die Vorderpfoten geringelt, hast ihm nachgeblickt, als er an Lotte
und mir vorbeiging.«
Der Kater entwischte durch die halboffene Tür.
Ich ging hinunter, begann wieder im gemeinsamen
Speisesaal zu essen, trank das Glas Wein, das Frank
mir zur Begrüßung auf meinen Tisch gestellt hatte.
Ich suchte seinen Blick und hielt ihm stand. Alle be-
merkten es.

Eines Abends nach dem Essen wartete er auf mich.
»Jetzt gehst du mit mir!« Er nahm mich bei der Hand.
Wieder war da die Angst.
›Nicht immer weglaufen‹, hatte Karl gesagt.
Mein Zimmer lag im dritten Stock, unter dem Dach.
Die schrägen Wände, die weißen, gestärkten Vorhänge, der alte Schaukelstuhl, der weiße Schrank, an
dem einige meiner Kleider hingen, machten es zu
einem Jungmädchenzimmer. Nur das Bett war zu
groß für diese Umgebung. Seit zehn Jahren schlief
ich jeden Sommer in diesem Zimmer.

Die Treppe war steil und schmal. Das Geländer ab-
gegriffen. Auf jedem Treppenabsatz ein Fenster, das
zur Weide hin lag. Unter den wenigen Bäumen lag
tagsüber dicht zusammengedrängt das Vieh, schutz-
suchend vor der Gluthitze. In der Abenddämmerung
ruhten die Tiere noch im Gras. Ich ging zögernd die
Stufen hinauf. An jedem Fenster blieb ich stehen und
sah hinaus.
Im zweiten Stock blieb ich wieder einen Augenblick
stehen, sah Frank an. Er legte seine Hand auf die
meine, mit der ich mich am Geländer festhielt. Vor
meiner Tür blieben wir stehen. Als er die Tür zu seinem Zimmer öffnete, drehte er sich noch einmal zu
mir um.
Ich schloß meine Tür nicht ab, obwohl ich jetzt einen
Schlüssel hatte. Stand herum, schob den Handspiegel
vor und zurück, legte mich aufs Bett, sprang auf,

setzte mich auf einen Stuhl. ›Du kannst doch nicht auf
dem Bett liegen, wenn er kommt. Er wird denken,
daß du ihn umarmen willst. Natürlich willst du das!‹
Ich nahm meine Halskette ab und legte sie zu dem
kleinen Zettel . . .
Ich hörte Schritte auf dem Flur, ging rasch zum Fen-
ster. Die Sonne war fast untergegangen. In der Fensterscheibe spiegelte sich Franks Gestalt.
Er lehnte an der Tür, eine Zigarette rauchend.
Nach einer Weile fragte er leise: »Sind deine Kühe
noch draußen?«
»Ja.«
»Hast du sie gezählt?«
»Woher weißt du das?«
»Es paßt zu dir.«
Er stand jetzt neben mir, legte seinen Arm um meine
Schulter und schwieg. Wie sehr liebte ich ihn ob die-
ser Zurückhaltung. Ich sah ihm zum ersten Mal voll
in die Augen und dachte: Als du deine Zimmertür
öffnetest und dich zu mir wandtest, blieb dein Lächeln
bei mir. Ich streichelte seine Lippen.

Er erzählte mir später, daß er in jener Nacht meinen
Schlaf beobachtet habe.
»Plötzlich hast du dich bewegt. Was werden ihre ersten Worte sein, wenn sie erwacht? Was wird sie sagen? Was wird sie tun?«
Ich erinnere mich, was ich sagte, als ich mich ihm zu-
wandte: »Essen Sie gern Haferbrei?«

»Das hat mich in meinem ganzen Leben noch nie eine Frau gefragt! Das kannst auf dieser Welt nur du fragen!« Er lachte.

»Ich möchte mit Ihnen frühstücken.«

»Natürlich werden wir zusammen frühstücken. Immer!«

Ich stürzte die Treppe hinunter zu Karl und Bobs ins Büro: »Ich möchte telefonieren – nach Washington!«

»Gewiß – spute dich! Ich muß den Metzger anrufen; der Idiot hat das Fleisch . . .«

»Es ist dringend, Bobs!«

»Was ist denn los?«

»Ich kann jetzt nicht darüber reden.« Ich wählte, sah auf die Uhr: fünf nach sieben. Ich mußte meinen Mann noch erreichen, bevor er das Haus verließ.

Ich bat Kurt, sofort zu kommen.

»Was ist passiert, Kitten?«

»Ich kann nicht nach Haus kommen! Ich kann nie wieder zurückkommen!«

»Warum nicht?«

»Ich bin verliebt.«

Er lachte, glaubte mir nicht.

»In wen bist du denn verliebt?«

»Es ist ernst. Du mußt kommen – heute noch.«

»Schon gut, ich werde versuchen zu kommen – heute abend.«

Ich schloß die Augen und setzte mich in den Sessel, wollte mich erst noch beruhigen, bevor ich in das

Frühstückszimmer ging. Ich zog meine Wolljacke enger um die Schultern.

Karl steckte seinen Kopf durch das Fenster und legte einen großen Strauß von zartrosa Blüten auf das Fensterbrett: »Stell sie auf deine Kommode. Sie dürfen keinen Zug bekommen. Brauchen viel Wasser!«

Ich trug die Blumen hinauf. Bobs stand schon da, füllte eine große Vase mit Wasser. Ich bat um ein Zimmer für meinen Mann.

»Oh, nuts! Schlafsäcke müßte man haben! I'll see what I can do, but versprechen kann ich nix!«

Frank saß schon am Tisch, kam mir entgegen. Wir waren noch allein im Frühstückszimmer. Er zog meinen Stuhl zurück. »Hungrig?«

Ich schüttelte den Kopf. Sah auf meinen Teller.

»Wo warst du?«

»Ich habe meinen Mann angerufen. Ihn gebeten, herzukommen – heute noch.«

»Du liebst mich?«

»Ja.«

Man brachte den Haferbrei und zwei Teller.

»Aber Sie müssen doch keinen Haferbrei essen!« sagte ich.

»Doch, doch, ich muß!«

Er aß nie etwas, das ihm nicht schmeckte. Mama und Bobs schimpften oft mit ihm, wenn er das Essen stehen ließ oder etwas anderes verlangte.

»Wenn ich gut essen will, muß ich selber kochen«, meinte er dann.

Gegen sechs Uhr abends traf Kurt ein.
»Sei froh, daß du hier oben bist. Die Hitze in Washington ist mörderisch. New York ist ein Brutkasten. Du siehst gut aus. Hast du zugenommen?«
Frank kam uns vom Tennisplatz entgegen.
»Das ist mein Mann – und das ist Leonhard Frank.«
Kurt kannte seinen Namen, besaß einige seiner Bücher. Sie sprachen über das Wetter, dann auch über ihre gegenwärtige Arbeit. Kurt lud Frank zu einem Cocktail ein.
»Ich bin Weintrinker«, lehnte Frank dankend ab, »aber wir werden miteinander zu Abend essen, nicht wahr?«
Bobs hatte auf der Terrasse einen Tisch für uns drei gedeckt. »Take it easy«, sagte sie, »keine Eile! Ihr könnt essen, wann ihr wollt.«

›Es ist schon ein seltsames Gefühl, zwischen diesen beiden Männern zu sitzen – den einen liebst du und kennst ihn kaum, den anderen kennst du schon so lange, bist ihm gut, und er ist dein Mann.‹ Hätte ich wie eine Schnecke ein Häuschen auf dem Rücken gehabt, ich wäre am liebsten hineingekrochen. Die Männer sprachen natürlich über Politik. Und trotz gewisser Differenzen verstanden sie sich. Die Spannung in mir löste sich allmählich.

Nach dem Kaffee erzählte Frank mit leisem Humor über seine Jahre in Hollywood. Einmal hatte er einen jungen Autor in den Warner Brothers Studios gefragt, warum er und sein Freund Heinrich Mann, der sein Büro ihm gegenüber hatte, jede Woche pünktlich einen Hundertdollarscheck erhielten und dennoch keine Arbeit bekämen. Lächelnd hatte der junge Amerikaner, der 3500 Dollar in der Woche verdiente, geantwortet: »Die da oben halten es für völlig ausgeschlossen, daß ein Schriftsteller, der für 100 Dollar in der Woche arbeitet, etwas Brauchbares liefern kann. Ich verbringe täglich 15-20 Minuten auf der Toilette. Allein dafür zahlen mir Warner Brothers 100 Dollar in der Woche!«

Frank hatte erlebt, daß in Hollywood Geld alles ist. Selbst für seine erfolgreichen Landsleute war er dort ein Gespenst gewesen. »Wissen Sie, mit Humor und Haltung kann man dies und anderes an sich abgleiten lassen. Ich schrieb«, er lachte, »weiter an meinem Roman.« Er nannte Hollywood einen ›sonnenbeschissenen Friedhof‹.

Nach dem Abendessen verabschiedete Frank sich von uns. Er war zum Pokerspiel verabredet. Kurt wollte Pfeife und Tabaksbeutel holen.

Wir gingen hinauf in mein Zimmer.

»Wo ist meine Tasche?« fragte Kurt erstaunt.

»Du hast ein anderes Zimmer, Kurt!«

Er sah mich überrascht an: »Was soll das?«

Der Gedanke, ihm zwischen Tür und Angel jetzt alles zu erzählen, versetzte mich in Panik. Plötzlich fehlte es mir an Mut. Ich kam mir vor wie ein Schulmädchen, das zu spät zum Essen nach Hause kommt. Ich ging mit ihm in sein Zimmer. Die Distanz, die ich hielt, war neu für ihn. Er rührte sich nicht, hörte nur zu, stopfte seine Pfeife und zog den Tabaksbeutel fest zu.

»Komm, ich muß etwas trinken, aber nicht hier.«

Wir landeten in einer Bar in Kingston.

Er wollte wissen, ob die Gäste im Haus etwas bemerkt hätten. Ich wußte, daß er alle öffentliche Schaustellung haßte. Ich lehnte mich zurück, wußte nichts mehr zu sagen. ›Da lebt man nun dreizehn Jahre zusammen, nie ein böses Wort, und mit ihm wollte ich doch alt werden . . . Plötzlich liebst du einen anderen. Kannst es nicht erklären. Kannst ihm überhaupt nichts erklären.‹ Ich legte meine Hand auf die seine; er zog sie nicht zurück. Kurt zahlte.

Im Auto sagte er: »Daß du angerufen hast, war richtig.«

Ich ahnte damals noch nicht, wie wichtig dieser Anruf nach Washington später für mich werden sollte.

»Mußt du morgen wieder zurück ins Amt?«

»Das wird sich finden.«

Er ging sofort auf sein Zimmer. Er mußte todmüde sein, sah blaß aus.

Ich fuhr den Wagen unter einen Kastanienbaum hinter das Haus. Da entdeckte ich auf dem Sitz seinen

Tabaksbeutel, aber nicht die Pfeife. Er konnte sie in der Bar liegen gelassen haben. Ich fuhr sofort zurück, denn morgen früh würde er sie suchen. Als ich zurückkam, sah ich durch das Fenster Frank noch am Pokertisch sitzen. Ich ging langsam hinauf. In Kurts Zimmer brannte Licht. Ich klopfte vorsichtig. Er war noch wach.

»Du hast deine Pfeife vergessen«, legte sie auf den Tisch. »Soll ich mich noch zu dir setzen?«

»Nein. Muß jetzt schlafen! Hast du auch die Autoschlüssel abgezogen?«

Ich küßte ihn rasch auf den Mund.

»Ja, ich habe die Autoschlüssel abgezogen.« Sie lagen neben Pfeife, Brieftasche, Autopapieren, Regierungsausweis. Eine Rolle Pfefferminzbonbons, Tabletten für Kopf- und Magenschmerzen und Pillen gegen Halsweh waren auch dabei.

Am nächsten Morgen wachte ich früh auf, ging zu Kurt. Er öffnete: »Warum klopfst du an? Warum bleibst du in der Tür stehen? Komm herein!«

Seine Stimme klang gereizt. Das Fenster war weit geöffnet. Ich vergaß die Tür zu schließen. Sie flog zu. Er mochte Zugluft nicht. Seine Gereiztheit irritierte mich. Ich sah, daß seine Tasche gepackt war.

»Du fährst?«

»Wir fahren!« Er schob die Brille auf die Stirn und sah sich die Autokarte an. Die Spannung im Raum und sein Schweigen brachten mich völlig aus der Fassung.

»Ich kann nicht mir dir fahren – laß mich bleiben! Eine Woche bitte, eine einzige Woche . . .«

Er reagierte nicht.

»Dann . . .«

»Was – dann . . ?« Er sah mich an.

»Du wirst es doch nie zulassen, daß ich ihn wiedersehe – wenn ich jetzt mit dir nach Hause fahre!«

Die Schlösser seiner Tasche schnappten zu. Ich zuckte zusammen. »Dann«, sagte ich rasch, »komme ich zurück!«

Er sah nicht einmal auf.

Wir gingen zum Auto. Er drehte das Verdeck des Wagens hoch. Es war kühl. Ich stand auf dem Trittbrett, begleitete ihn bis zum Tor: »In sieben Tagen wäre die Zeit hier oben sowieso um, Kurt, die Ferien vorbei.«

Er hielt an: »Well, allright! Aber wenn du nicht in sieben Tagen zu Hause bist, komme ich dich holen!«

»Ich werde zu Hause sein! Ich verspreche es.«

Ich setzte mich zu ihm in den Wagen, fuhr noch ein Stück mit. An der letzten Biegung, die zur Hauptstraße führte, stieg ich aus: »Wirst du mich gleich anrufen, wenn du nach Hause kommst?«

»Sicher, Kitten!«

Der Wagen schoß davon. Eine Staubwolke hüllte ihn ein.

Als ich auf die Farm zurückkam, saß Mama Ullmann auf der Bank, mit Tommely auf dem Schoß. Sie sagte:

»Du rennst in dein Unglück, Kind! Bleib bei deinem Kurt!«

Ich ging zum See. Zu Frank.

Liebe ist das Brutalste, was es gibt.

Nach sieben Tagen kam die Trennung. In dieser Zeit zählten wir die Stunden nicht. Bobs fuhr mich mit ihrem Wagen hinunter nach Kingston zum Autobus, mit dem ich nach New York fuhr und von dort mit dem Zug nach Washington.

Frank ging neben dem Wagen her. Er hielt meine Hand. Im Wagen lagen viele Blumen, die Freunde, Gäste und Karl mir geschenkt hatten.

»Wir sehen uns wieder, meine Charlott! Und dann für's ganze Leben!«

»Es wird nicht gehen. Es wird niemals gehen. Er wird es nicht zulassen.«

Ich weinte hemmungslos.

»Es wird möglich sein, verlaß dich auf deinen alten Frank!«

Bobs beschleunigte das Tempo.

»Es ist höchste Zeit! Wir müssen zum Bus.«

Im Bus dachte ich an Franks Wort: »Bei mir würden Sie sehr glücklich werden.«

Zwei Zeilen von Wilhelm Busch fielen mir ein:

»Und so lebten sie in des Lebens schönster Herrlichkeit in aller Freude und Zufriedenheit.«

Ich mußte lachen. Dann schlief ich ein.

3

Intermezzo in Washington

In New York mußte ich mich beeilen, um den Zug nach Washington nicht zu verpassen. Die Dämmerung brach herein. Die Eintönigkeit ihrer graublauen Farbe wurde unterbrochen von vorüberfliegenden Wolkenflecken, die wie übermütige Kinder noch ein wenig herumtollen wollten, bevor sie ins Haus gerufen wurden. Die Bäume sahen schon dunkler aus. Auf den Getreidefeldern sah man Mäh- und Dreschmaschinen und leere Heuwagen. Keine Menschen mehr. Die Garben standen, soweit man blicken konnte, wie kleine Pyramiden auf dem fruchtbaren Boden.

Der Zug machte jetzt einen langen weiten Bogen, als er über die Brücke des Delaware-Flusses fuhr. Ich war in einen Halbkreis eingeschlossen. Wenn ich mich nach links vorbeugte, konnte ich die Lokomotive sehen. Drehte ich mich zur anderen Seite, sah ich den Aussichtswagen, der am Ende des Zuges hing.

Vor einem dunklen Waldsaum tauchte plötzlich Franks Kopf auf. Sein Gesicht war ganz dicht vor meinem. Ich strich über seine weißen Haare, den schönen schmalen Kopf, über Augen, Wangen und den Mund. Legte ich beide Hände flach auf die Fensterscheibe, so verdeckte ich sein Gesicht, nahm ich sie zurück, war es wieder da. Das Spiel brach schnell ab, das Phantasiebild löste sich auf. Ich starrte in Lichtströme breiter Straßen. Die Erinnerung an den letzten Abend hielt mich wach. Wie von einem Alpdruck befreit, empfand ich plötzlich Freude und Glück. Wir hatten am Seeufer gesessen. Später gingen wir um den See herum bis zum Postamt. In seiner Gegenwart fühlte ich mich ruhig und geborgen. Ach, er gefällt mir. Er gefällt mir! »Wie dumm von mir, immer vor dir weggerannt zu sein«, hatte ich gesagt.

»Man muß dir Zeit lassen. Nichts überstürzen. Wenn du mich willst, dann wirst du schon kommen, ganz von selbst.«

»Du mußt mich für eine ziemlich unreife Frau gehalten haben, für ein unerwachsenes Mädchen, das Angst hat vor einem Mann . . .«

»Oh, nein! Man muß sich seine Kindlichkeit bewahren«, sagte er. »Gerade dein ursprüngliches Wesen liebe ich so sehr.«

»Und was noch? Erzähl mir mehr von mir!«

»Und eines Tages machtest du den ersten Versuch. Ich saß im Speisesaal, las, trank einen Kaffee. Du kamst herein, gingst an mir vorbei, sagtest: ›Nun, so allein?‹ – und das in leicht kokettem Ton!«

»Das kann ich doch nicht gesagt haben, Frank!«

»Natürlich hast du das gesagt«, lächelte er. »Allein dafür hätte ich dich geliebt.« Er küßte mich zärtlich.

Auf dem Bahnhof in Washington war mein Mann
nicht da. Er hatte den Wagen vor dem Bahnhof geparkt. Ein Zettel lag auf dem Lenkrad: »Tut mir leid,
werde mich verspäten. Hoffe, du hattest eine gute
Fahrt.«

Zuhaus rief ich die Farm an. Frank war sofort am
Apparat.

»Bin ich nicht pünktlich?«

»Du bist ein wunderschönes Mädchen.« Seine Stimme
klang ruhig. »Bist du traurig?«

»Du fehlst mir!«

»Gehst du jetzt schlafen?«

»Wer kann da schlafen?«

»Schreib' mir!«

»Ich hab' schon geschrieben.«

»Warst du denn auf der Post?«

»Natürlich!«

»Ich werde dir heut noch schreiben.«

»Das wäre wunderbar. Ich meine für mich! Sprichst
du von zu Hause?«

»Ja.«

»Grüß' ihn von mir! Sei ruhig. Iß und lieb' mich!«

»Ihre drei Minuten sind vorbei. Wollen Sie weitersprechen?« unterbrach das Fräulein vom Amt.

»Ich lieb dich, Frank!«

Ob er es noch gehört hatte? Ich hängte ein.

Gleich nach der Rückkehr von der Farm las ich in
Washington das Buch »Der Mensch ist gut«. Ich saß

im Wohnzimmer vor meinem kleinen Schreibtisch. Es war der 21. August 1948. Ich blickte in blühende Gärten, in denen sich Rasensprenger drehten, deren Strahlen mächtige Rhododendronbüsche befeuchteten. Aber in Gedanken sah ich zerfetzte Menschenleiber, Blut, Mütter, die nach ihren Söhnen, Kinder, die vor Hunger, Männer, die vor Schmerzen schrien, Blinde, Tote. Väter, Jünglinge, die dem kaiserlichen Befehl gefolgt waren, den Eid geleistet hatten, das Vaterland mit ihrem Leben zu verteidigen. Mit Pauken und Trompeten, Blumensträußchen in den Gewehrläufen, waren sie, begleitet von jubelnden Menschenmengen, in Richtung der Bahnhöfe gezogen. Die Heimkehr sollte anders aussehen.

Ich legte meinen Kopf auf den Tisch. Frank hatte dieses Buch vor dreißig Jahren geschrieben. Im August 1915 in Zürich. Es war den ›kommenden Generationen‹ gewidmet. Hatte er die Unverbesserlichkeit der Menschen geahnt? Wollte er sie an die grauenvolle Vergangenheit erinnern, um sie in der Gegenwart vor einer noch barbarischeren Zukunft zu bewahren?
Ich saß hier im tiefsten Frieden in Washington. 5000 Kilometer von Europa entfernt, in dem sechs Jahre lang der Zweite Weltkrieg gewütet hatte.
Ich legte das Buch aus der Hand. »Der Mensch ist gut!« Ist er es? Oder hatte der Dichter René Schickele recht, als er zu Frank sagte: »Der Titel ist gut, aber

daß der Mensch gut ist, bezweifle ich!« Frank hatte geantwortet: »Er ist es, wenn man ihn läßt, wenn Zustände geschaffen werden, die dem Menschen erlauben, gut zu sein!«

Ich war müde und zugleich erwartungsvoll. Vertraute Gegenstände umgaben mich; meine beiden Lampen in weiß und gold – weiß der Fuß, gold der Schirm –, mein grüner seidener Sessel, in den ich mich hineinkuschelte, träumte, las, lachte oder schimpfte, mich so oft einsam fühlte – ein paar Bilder, die ich besonders gern hatte: Reproduktionen von Hodler: ›Le jeune Platane‹ und ›Le petit Arbre‹. Und der große Eßtisch in einer Nische: von ihm aus sah man in den Garten bis zum Hügelrand, seine Büsche, Bäume und Blumen. Die rosa-weißen, zarten Blüten, von flacher blätterähnlicher Form, bezauberten mich immer wieder: ›Schaut uns nur an, solange wir noch jung und schön sind – unsere Zeit ist kurz!‹

Auf dem Eßtisch lagen Teller und Besteck. Ein kaltes Abendessen war angerichtet; daneben ein Körbchen mit Obst. ›Oh Mary – dear old Mary!‹
Mary war unsere Neger-Mammy. So groß und so dick, daß wir ihr ein Bett extra nach Maß hatten anfertigen lassen müssen. Sie schlief auf zwei riesigen Kopfkissen, mehr sitzend als liegend, und benutzte Sommer wie Winter das gleiche pralle Federbett. Ihr Haar trug sie zu vielen kleinen Zöpfchen geflochten,

über die sie an den Enden weiße Gummiringe zog. Die kleinen rosa Scheitel sahen wie Narben aus – oder als habe ein Kind mit einem rosa Malstift kreuz und quer Striche auf ihren Kopf gemalt. Sie kochte gut, Dixie-Stil, woran man sich erst hatte gewöhnen müssen.

Mary stammte aus dem damals negerfeindlichsten Teil des Südens. Ihr Großvater war noch Sklave gewesen. Ihr Vater lehrte an einer Dorfschule – für schwarze Kinder natürlich. Sie betete viel und war seit zehn Jahren verlobt mit Moses, dem Hausmeister des Generals P., der uns gegenüber wohnte. Moses war genau so groß, aber nicht ganz so dick wie sie, hatte eine Stimme wie Paul Robeson. Beide waren sie gute, fromme Menschen.

»Sie sind so zart. Nichts als Haut und Knochen. Sie müssen ordentlch futtern – und wenn es Sie umbringt, honeychile! Kapiert?«

»Jawoll«, sagte ich brav.

Sie nannte mich immer ›honeychile‹, auch wenn sie mich aus Liebe und Besorgnis ausschimpfte; sonst nannte sie mich ›Mam‹, was soviel heißt wie ›Madame‹.

»Aber Mary, wenn das Essen mich umbringt, zu was ist es dann nütze?«

Sie sah mich mit ihren blanken puppenhaften Kulleraugen an: »Recht haben Sie, honeychile! Oh Gottogott!«

Wenn sie lachte, kniff sie die Augen zu, und ihr ganzer Körper bebte und wogte. »Honeychile, Sie haben ja so recht.«

Dann hörte sie plötzlich auf zu lachen, sagte streng: »Sie werden aber doch essen, bis Sie platzen!«

Ich hob drei Finger: »Ich verspreche, Mary.«

Ihr weißes Häubchen, das sie nur nachmittags trug, wenn sie ihr schwarzes Kleid anhatte, dazu die weiße Schürze, saß immer ein bißchen schief oder rutschte nach vorn, wenn sie etwas auf den Tisch stellte oder eine rasche Bewegung mit dem Kopf machte. Aber ehe sie es nur ein einziges Mal mit einer Haarnadel oder einer Klammer festgesteckt hätte, schob sie es lieber hundertmal am Tag zurück.

»Mary, why don't you take . . .?« Oh – never mind – sie tat's ja doch nicht, obwohl sie jedesmal sagte: »Yas'm, I sure will, mam.«

Zu Kurt war sie stets freundlich, aufmerksam, ihm respektvoll ergeben. Er hielt, wie bei fast allen Menschen, immer eine korrekte Distanz. Mich liebte sie. Ihre ganze Mütterlichkeit schenkte sie mir. Morgen würde sie wieder dasein. Ich freute mich auf sie. Und daß ich zugenommen hatte, darüber würde sie ihrerseits sich freuen.

Ich hatte bald alles aufgegessen. Dann brach mein preußischer Ordnungssinn durch. Ich wollte wenigstens den großen Koffer ausgepackt und alles weggehängt haben, damit er aus dem Wege war, wenn Kurt nach Hause kam. Wir waren beide so überaus ordentlich.

Beim Auspacken eines Kleides mußte ich an die Farm denken. Dieses Kleid hatte ich an, als wir, Frank meinen Liegestuhl tragend, am Blumenrondell, auf dem die Hausgäste saßen, vorbeigingen und er mir zugeflüstert hatte: »Jetzt wissen alle, daß du mir gehörst!«

Ich sprang auf, warf das Kleid über einen Stuhl. Es fiel herunter. Ich ließ es liegen. Setzte mich an meinen kleinen Schreibtisch und schrieb:

»If thou must love me, let it be for nought/
Except for love's sake only.«

Ich hatte dieses Sonett der Elizabeth Barrett Browning aus dem Gedächtnis auf Englisch zitiert, da ich es auf Deutsch nicht auswendig wußte. Aber – er würde es doch nicht verstehen können . . . Ich rannte in Kurts Arbeitszimmer. Suchte die Übersetzung, fand sie:

Wenn du mich lieben mußt, so soll es nur
der Liebe wegen sein. Sag nicht im Stillen:
›Ich liebe sie um ihres Lächelns willen,
für ihren Blick, ihr Mildsein, für die Spur,

die ihres Denkens leichter Griff in mir
zurückläßt, solche Tage zu umrändern.‹
Denn diese Dinge wechseln leicht in dir,
Geliebter, wenn sie nicht sich selbst verändern.

Wer also näht, der weiß auch, wie man trennt.
Leg auch dein Mitleid nicht zu Grund, womit
du meine Wangen trocknest; wer den Schritt

aus deinem Trost heraus nicht tut, verkennt
die Tränen schließlich und verliert mit ihnen
der Liebe Ewigkeit: ihr sollst du dienen.

Den Brief legte ich auf das Tischchen in der Halle,
damit ich ihn nicht mitzunehmen vergaß.
Als Kurt nach Hause kam, bemühte ich mich, eine un-
gezwungene Atmosphäre zustande zu bringen. Erkundigte mich vor allem nach seiner Arbeit. Er durfte
oder wollte wenig darüber sagen: Obwohl der Krieg
in Europa längst vorbei war, blieb vieles doch noch
›top secret‹.
Er sprach über ein neues Buch, das er beginnen wollte,
sobald die anstrengende Tagesarbeit es zuließe. Außerdem habe er eine politologische Vorlesung für das
Herbstsemester an der Universität in J. angenommen; das Thema interessiere ihn, er arbeite gern mit
jungen Leuten.

Wir sprachen auch über Franks Bücher. Er schätze
sie sehr, sagte er, Frank sei ein großer Erzähler.
»Der größte, Kurt?«
Die Art, wie er lächelte und den Kopf leicht vernei-
nend schüttelte, zeigte wieder einmal sein Taktgefühl.
Es sei bei Frank zudem auch stets eine Frage der The-
men, und außerdem kenne er keines seiner neueren
Bücher.
Ich erinnerte mich einer Bemerkung Franks gegen-
über einem Reporter: »Was soll ich, ein deutscher

Schriftsteller, in Amerika?« Das sei, sagte ich, verständlich bei einem Autor, der so sehr in der Sprache seines Landes verwurzelt ist.

»Es ist eine traurige Antwort«, meinte Kurt.

»Laß uns noch etwas an die Luft gehen. Es scheint kühler geworden zu sein!«

Er blickte auf zum Himmel und dann auf das Barometer: »Morgen wird es wieder heiß!«

Auf der Treppe sagte ich: »Ich habe mit ihm telefoniert. Ich will, daß du es weißt!«

Wir gingen hinunter zum Drugstore. Bunte Wimpel flatterten im Wind. Eine Kette roter Glaskugeln beleuchtete den Weg zu dem kleinen Garten, der zu einer neueröffneten Eisdiele führte. Wir setzten uns auf hohe Hocker an die Theke, weil alle Stühle draußen besetzt waren. Die Musikbox brüllte. Wir begrüßten Bekannte und verabredeten eine Party für die folgende Woche. »Fine – thanks – tudelu – goodbye – so long.«

Es war erst zehn, als wir langsam zurückgingen.

»Um zehn wird Mahlers ›Lied von der Erde‹ übertragen. Bruno Walter dirigiert das Rundfunkorchester des Columbia Broadcasting System.« Wir rannten los.

Die Musik füllte den Raum. Der gehetzte Atem ließ nach, beruhigte sich. Ein Gefühl des Friedens durchflutete mich. Ich kroch tiefer in den Sessel. Meine Gedanken wanderten. Es wäre schön, mit Frank alt zu werden. Aber, wieviele Jahre hätten wir dann noch? Frank war 65. Ich sehnte mich danach, mit ihm alt zu werden. Und er? Durch mich jung zu bleiben? Dann müßte ich vor ihm sterben . . .

Die letzten Takte der symphonischen Dichtung erloschen:

> »Du mein Freund, mir war auf dieser Welt
> das Glück nicht hold.
> Still ist mein Herz und harret seiner Stunde!
> Die liebe Erde allüberall blüht auf im Lenz
> und grünt aufs neu!
> Allüberall und ewig blauen licht die Fernen.
> Ewig, ewig, ewig, ewig . . .«

Der Regen prasselte gegen die Scheiben. Ob es auf der Farm auch so goß?

Kurt verfiel ins Reminiszieren: »Bei solch einem Wetter stand ich einmal die halbe Nacht bis zum Morgen an der Kasse der Staatsoper in Berlin, um eine Karte für den ›Tristan‹ zu ergattern. Das Geld reichte gerade für einen Stehplatz oder einen Sitz in der Trampelloge. Dort saßen die jungen Schüler, Studenten, Musikbegeisterte, die Partitur auf den Knien, verfolgten jeden Takt, jede Note mit der Taschenlampe. Ich hatte immer eine starke Beziehung zu Wagner und habe sie heute noch . . .«

Ich erzählte, daß auch Leonhard Frank ein Musikliebhaber sei. Ihm gefalle ›La Bohème‹; die Oper erinnere ihn, hatte er bemerkt, an seine Bohèmezeit, als er noch ein junger Maler war. Die Butterfly, ›Traviata‹ – er sei halt ein »alter Kitschbruder«. Wagner dagegen könne er nicht ertragen!

Kurt lachte: »Well, jedem das Seine.«

Dann sprang er auf: »Jetzt, denke ich, wird es Zeit, schlafen zu gehen.«

Auf dem kleinen Tisch in der Halle lag noch mein Brief an Frank.

Sein erster Brief von der Farm kreuzte sich mit meinem: »... es ist nie ganz zu ergründen, warum zwei zusammengehören. Aber viele Gründe, sehr viele wunderbare Gründe wissen wir. Sei ruhig! Iß! Schreibe mir! Und komm so bald wie möglich. Und noch ein bißchen früher. Hier hat sich nichts andres ereignet, als daß Du nicht hier bist. Nichts, gar nichts kann man sagen in einem Brief.«

Zwei Tage später kam sein Anruf – der erste: »Ich fahre schon morgen nach New York zurück, dann bin ich dir um drei Stunden näher. Wann kommst du?«

Ich hätte am liebsten gesagt: »Sofort!«

»Ich weiß es nicht – ich weiß es noch nicht – es hängt ja nicht von mir ...« Ich konnte nicht weitersprechen, meine Stimme versagte.

Viele Briefe kamen, fast täglich. Eilbriefe oder eingeschriebene, übermütige, sehnsüchtige, traurige. Ich erzählte ihm nicht alles, was mich bedrückte. Er spürte es. »Du verbirgst mir etwas. Tu's nicht! Du bist nicht allein. Du hast mich!«

Ich rief täglich an. Seine Stimme zu hören, war jetzt mein Leben. »Wir müssen Geduld haben! Sei glücklich, wir haben allen Grund dazu«, sagte er. Manchmal brachte ich kein Wort heraus, dann war ich wieder närrisch vor Ausgelassenheit. Kurt meinte, die Telefonrechnungen seien ein bißchen zu hoch. Ich gab ihm mein Wort, mich einzuschränken und konnte es doch nicht halten. Die Eilbriefe störten ihn wochentags nicht, »aber Samstag, Sonntag – so früh – Kitten, please!«

»Du hast recht. Es tut mir leid! Ich werd es Frank sagen, äh, ich meine schreiben.«

Mein kleiner Koffer stand immer noch neben der Eingangstür in der Halle. Kurt bat mich, ihn wegzustellen. Er sei im Wege.

»Aber, wenn ich eines Tages zu ihm fahren darf, dann ist er doch schon gepackt. Wenn du wieder einmal nach New York mußt, dann könnte ich doch auch mitfahren – bitte, Kurt!«

»Pack den Koffer weg! Ich will nicht jeden Tag darüber stolpern. Das ist lächerlich.« Er blickte geradeaus, aber ich sah, daß hinter der Brille Lachfältchen sich ausbreiteten wie kleine Fächer. Ich schob den Koffer unter den Tisch.

Eines Tages mußte er nach New York. Ließ vom Büro anrufen, wenn ich ihn in einer halben Stunde abholen könne, würden wir zusammen fahren.

Gesegnet sei mein kleiner Koffer! Ich suchte mir

rasch ein Kleid aus dem Schrank. Natürlich wählte ich das falsche, eins, das mir gar nicht stand. Auch den falschen Hut, den mit der langen Feder, auch den falschen Mantel. Die Handtasche paßte nicht zu den Schuhen. Die Schuhe paßten nicht zum Kleid. Ich packte rasch noch ein paar andere ein. Rief Frank an, daß ich kommen würde. Heute noch!

»Endlich! Es wird Zeit!«

»Kurt nimmt mich im Auto mit!«

»Ich würde ihn gern sehen. Frag' ihn ob er . . .«

»Jaja.«

Ich entschuldigte mich bei Mary für die Unordnung, die ich hinterließ – und wir würden von New York aus anrufen.

»Yas'm.«

Sie rief vom Fenster noch nach: »Langsam, langsam, Sie werden sich noch das Genick brechen, bevor Sie hinkommen, honeychile!«

Ich zwang mich zur Ruhe, als ich in unseren Wagen stieg. Ich hauchte einen Kuß auf Kurts Wange.

»Thanks!«

Kurz vor New York hielten wir an, um etwas zu essen. Nachdem ich wieder in den Wagen gestiegen war, fragte ich ihn, wieviele Kilometer es noch bis New York wären.

»Hängt davon ab, wieviel Zeit du brauchst.«

Ich verstand nicht, was er meinte.

»Sind das die einzigen Schuhe, die du mitgenommen hast?«

»Nein, warum?«

»Dann zieh mal andere an!«

Ich sah auf meine Füße.

»Das ist ja absurd«, murmelte ich, zog aus dem Schuhbeutel das andere Paar.

Ich hatte einen schwarzen und einen braunen Pump an.

Wir näherten uns New York.

»Frank sagte, daß er dich gern wiedersehen würde.«

Sein Schweigen schien zu besagen, daß er ihn nicht sehen wollte.

Ich sah aus dem Fenster; die vorbeirasenden Autos wirkten wie kleine Sprengwagen, die die Straßen säubern wollen, dabei durchfuhren sie nur die Pfützen, daß das Wasser hoch aufspritzte. Der Regen ließ nicht nach, wurde stärker. Die Scheibenwischer summten. Kurt fuhr vorsichtig.

Wir hielten vor dem Hotel, in dem wir stets übernachteten, in der Nähe der Madison Avenue. Der Portier fuhr den Wagen auf den Parkplatz.

Auf dem Zimmer führte Kurt einige Telefongespräche. Einmal hörte ich ihn lachen: Er sprach über das Wetter und daß er viel zu tun habe. Daß die Arbeit ihm zuviel sei, und daß er hoffe, im Spätherbst endlich einmal Ferien machen zu können. Dann reichte er mir den Hörer. Frank war am Apparat. Ich hatte es nicht erwartet und redete konventionellen Unsinn. Erfuhr, daß wir um sieben in einem kleinen französi-

schen Restaurant gemeinsam essen wollten. »Ruh
dich aus! Ich hol' dich rechtzeitig ab«, sagte Kurt. Ich
konnte mich nicht hinlegen – lief im Zimmer umher.
Frank wohnte nur zehn Minuten entfernt.
Am nächsten Tag erst sah ich ihn allein. Ein Leben
ohne ihn war für mich nicht mehr denkbar. Ich sah
ihn dann noch einmal, eine Stunde, am Tag der Rück-
reise nach Washington. Ich fand keinen Schlaf. Der
Morgen ließ lange auf sich warten.
Wochen, Monate vergingen. Ich merkte, daß Kurt
mich absichtlich von Frank fernhielt.
»Man hört doch nicht auf, einen Menschen zu lieben,
nur weil man ihn nicht sehen darf«, sagte ich ihm einmal.

Wie sollte es weitergehen? Wie lange kann man nur
von Briefen, von Telefongesprächen leben? Wie lange kann man den Alltag beginnen und enden lassen,
als ob nichts geschehen wäre? Wie lange kann man
miteinander essen, trinken, sich ›Guten Morgen‹,
›Gute Nacht‹ sagen in einem Haus, aus dem man sich
fortsehnt, wie lange Freunde sehen, mit Menschen reden, die einem nichts mehr bedeuteten? »Die Leute,
die Leute«, hieß es immer wieder. »Nimm dich zusammen!« Als ob man nicht ständig spürte, daß nichts
mehr stimmte.
Das einzig Richtige wäre gewesen, gleich alles zusam-
menzupacken und nach New York zu fahren. Es ging
nicht. Noch nicht. Es hätten Entscheidungen getrof-

fen werden müssen. Der eine konnte finanziell noch keine Verantwortung übernehmen. Der andere vertrat den Standpunkt: »Das ist jetzt deine Sache«, denn er selbst hatte sein Land gefunden, verdiente Geld, war kein Außenseiter, war klug genug, nicht gegen den Strom zu schwimmen.

Da es jetzt keine Geheimnisse mehr gab, lag täglich etwas Aufreizendes in der Luft. Die Mühe, die man sich trotzdem gab, einander wie Porzellan zu behandeln, wurde anstrengend. Der Ton änderte sich. Er wurde schärfer. Man kann nicht allein von der Sehnsucht leben. Nicht immer nur auf Briefe warten.

Nichts ist so furchtbar wie Machtlosigkeit. Frank tröstete mich. Und ich ihn. Er war noch weitaus machtloser als ich.

Ich war ohne Beschäftigung, ohne Aufgabe. Ich wollte nicht nur herumsitzen. In Washington war keine Chance, in meinem Beruf als Schauspielerin zu arbeiten. Da ich in Deutschland geboren war, durfte ich auch nicht einer der Theatergruppen beitreten, die damals zur Unterhaltung der amerikanischen Soldaten in Übersee gebildet wurden. Ich bedauerte es sehr.

Deshalb hielt ich Ausschau nach einem Job, irgendeiner Arbeit außerhalb meiner Berufssphäre. Glück hatte ich mit einer Bewerbung bei der Library of Congress. Ich wurde wegen meiner Sprachkenntnisse angenommen und der Katalogabteilung zugeteilt. Meine Aufgabe war, Informationsmaterial festzustellen, welches vom Weißen Haus, von Mitgliedern des Kongresses oder vom Obersten Gerichtshof angefordert wurden. Ich arbeitete an deutsch- und französischsprachiger Literatur. Die Bestellkarten, von uns mit Quellenangabe und Standort versehen, gingen dann in die Magazine, von wo aus das gewünschte Material an die Adressaten geschickt wurde. Unter den Kollegen und Kolleginnen herrschte ein kameradschaftlicher Geist, man half mir, mich einzuarbeiten, und ich war glücklich, etwas Positives für meine Wahlheimat tun zu können.

Ich bat nicht mehr darum, mit Kurt nach New York fahren zu dürfen. Ich fuhr allein. Und hatte den Mut, manchmal länger zu bleiben, als ich meinem Mann versprochen hatte.

Der Weihnachtsbaum lag auf der Terrasse. Ich durfte ihn so verrückt schmücken, wie ich wollte. Er gefiel Kurt, den Freunden, den Nachbarn. Gehörte zu den hübschesten, die vor den Türen in der weißen Landschaft standen, von bunten elektrischen Kerzen erleuchtet, in die Nacht hinausstrahlend.

Wir benutzten das Fest des Friedens, um uns gegenseitig für den Unfrieden der letzten Monate zu entschädigen. Gut wollten wir wieder zueinander sein und fanden den richtigen Ton. Wir fühlten uns wie Kinder, die noch an den Weihnachtsmann glauben. Jingle bells, jingle bells, jingle all the way. Tausendmal Bing Crosbys »White Christmas«. Wir machten

Pakete, banden Schleifen aus Gold, Silber und Purpur.

Das Telefon läutete. An der Haustür klingelte es. Ich nahm einen Brief entgegen, rannte zurück zum Telefon.

»Kommst du zu Weihnachten?«

»Ich werde alles versuchen, Frank!«

»Komm, wenn du kannst. Aber laß es sein, wenn es dir schadet. Es ist nicht so wichtig«, sagte Frank. »Ich bin an Einsamkeit gewöhnt!«

Das traf.

Ich hörte, wie die Wagentür zuschlug, die Wohnungstür aufgeschlossen wurde. Mary sang Weihnachtslieder in der Küche, laut und falsch. Buk goldbraune Plätzchen. Es roch nach Nüssen, Honig und Mandeln. Im Vorbeigehen steckte sie mir einige in den Mund und stopfte wie eine Vogelmutter mit mehligem Finger nach. Ich ging auf Kurt zu:

»Frank ist allein am Weihnachtstag. Er hat niemanden. Ich soll kommen!«

Ich bettelte, fahren zu dürfen. Ging in mein Zimmer. Warf mich aufs Bett.

Er setzte sich zu mir. Ich verkroch mich unter die Decke. Er nahm sie von meinen Schultern: »Wir laden ihn ein!«

Das Schluchzen brach durch. Er hielt mich. Strich mir übers Haar, beruhigte mich.

Ich hörte nur noch, wie er das Licht des Nachttisch-

lämpchens ausknipste, die Tür schloß und Mary die
Blechplatten des Backofens rein- und rausschob. Mit
dem Geruch des Weihnachtsgebäcks in der Nase, ge-
mischt mit dem Tabakduft aus Kurts zerbissener alter
Dunhillpfeife, schlief ich ein. Erschöpft – dankbar.
Frank blieb bis Silvester.

An dem Tag, als wir ihn vom Bahnhof abholten, flat-
terte ich im Haus wie ein aufgescheuchter Vogel umher, bis Mary mich zu sich in die Küche nahm.
»Was ist mit Ihnen los? Wer kommt denn? Der Präsident der Vereinigten Staaten oder General Eisen-
hower?«
»Mary, wir müssen die Teller heiß halten, sehr heiß.
Behalte sie im Ofen. Und der Wein – kellerkühl –
verstehst du?«
Sie sah mich an. Ich schrieb ihr den Namen des Wei-
nes auf ein Blatt Papier. Sie sagte: »Das ist keine Sprache! Das ist deutsch, nicht wahr?«
Ich hatte das Gefühl, daß Ameisen in meinem Kopf
herumkrabbelten. Nicht einmal das englische Wort
für ›kellerkühl‹ war mir eingefallen. Oh Dear, oh
Dear! seufzte ich.
»Um Gotteswillen, setzen Sie sich jetzt!« Mary hob
mich wie eine Puppe hoch, setzte mich auf die Fensterbank.
»Sie sind mir im Wege, machen mich und sich selbst
noch verrückt, honeychile – Mam. Oh Gottogott!«
Ihre Kulleraugen blickten verzweifelt zur Küchen-

decke empor. Ein Glas Milch stellte sie vor mich hin: »Trinken Sie das, es wird Ihnen gut tun.«

Ich schob es zur Seite, hinter den Fenstervorhang, blickte auf die Küchenuhr. Es war immer noch zu früh. Die Absätze meiner Schuhe klopften gegen die Tür unter der Fensterbank, hinter der Mary nur die kleinen Pfannen, verschiedene Töpfe, Deckel, Holzbrettchen aufbewahrte.

»Hören Sie auf, mit den Füßen gegen die Türen zu hauen. Sitzen Sie still, um Gottes Willen.«

»Oh, Mary!«

Dieser Seufzer ließ sie aufblicken: »Was für einer is es denn, Ma'm?«

»Eben Er – das ist alles«, sagte ich weich.

»Yas'm«, sagte sie und öffnete die Tür des Bratofens.

Mary trug einen weißen Kittel und ein blau-weiß gepunktetes Kopftuch, dessen gestärkte Enden wie zwei Gänsefedern in die Luft stießen. Zwei Handtücher hatte sie, das eine links, das andere rechts, in den Gürtel gesteckt.

»Yum, yum, yum«, machte sie, wischte sich über den Mund und strahlte, »it sure looks good, Ma'm«, schob den mit Honig und Zucker dick bekrusteten Schinken in den Ofen zurück.

Ob er »sweet potatoes« und »sugar-cured ham« – überhaupt »southern cooking« – kannte und essen würde, fiel mir erst jetzt ein. Frank mochte die amerikanische Küche gar nicht. Sie sei ›nichts für einen europäischen Magen‹.

Für Mary war nur wichtig, daß der ›Mr. London Sir‹ das bekam, was er gern aß, und er aß gern sugar-cured ham, mit viel Nelken, Honig und Ananasscheiben oben drauf, saftig und braun.

Wir sahen beide gleichzeitig auf die Uhr.

Mit einem Satz sprang ich von der Fensterbank, warf im Vorbeigehen einen Blick in den Spiegel, lächelte mir zu, ging die Treppe hinunter zum Auto. Um 11 Uhr 15 sollte der ›Congressional Express‹ aus New York einlaufen.

Auf dem Parkplatz war ich im Auto sitzengeblieben, sah Kurt und Frank aus dem Bahnhof herauskommen. Wie verschieden sie doch aussahen! Kurt hoch-gewachsen, breitschultrig, mit wehendem Haar, ohne Hut – Frank mit Hut, ein wenig kleiner nur, etwas nach vorn gebeugt. Beide hatten ihre Mantelkragen hochgeschlagen, stemmten sich gegen den Wind. Es war eiskalt. Der Schnee lag hoch. Sie mußten sich einen Weg suchen, um nicht knietief einzusinken.

Beide winkten fast gleichzeitig ab, als ich die Wagen-tür öffnete, um ihnen entgegenzugehen. Frank saß dann vorn neben Kurt, er hatte nach der Begrüßung seinen Hut auf den hinteren Sitz geworfen, er lag auf meiner Handtasche. Ich sah den schönen Kopf, den zarten Nacken vor mir. Im Spiegel die dünne Narbe an der Unterlippe. Ein Bäckerbursche hatte ihn als Kind einmal so heftig zu Boden gestoßen, daß er sich die Lippe am Straßenrand aufschlug. Der Arzt mußte noch in der Nacht kommen, um die stark blutende Wunde zu nähen. Die Mutter hielt die Petroleumlampe. Als der freundliche alte Doktor fertig war, zog er aus seiner Jackentasche eine Flasche, bat die Mutter um einen Löffel. Sie gab ihm die Petroleumlampe in die Hand, bis sie wieder aus der Küche kam. Der Arzt füllte den Löffel bis zum Rand mit Himbeersaft und schob ihn sanft in den Kindermund. Frank war damals erst vier Jahre alt. Die Wunde brannte, es schmeckte aber so gut, daß er es in seinem ganzen Leben nicht vergaß. Der gute Doktor hatte ihm noch über den Kopf gestrichen und gesagt, bis er nach Amerika zu den Indianern ausrücke, sei alles wieder gut. 1886 träumten die Buben von der Freiheit des Indianerlebens.

Wenn die Straßen nicht mehr so vereist seien, Sturm und Kälte nachgelassen hätten, würde er ihm gern Washington zeigen, sagte Kurt. Es sei eine schöne Stadt, lebendig, auch jetzt noch – nach dem Krieg. Das Weiße Haus, das Capitol, in dem der Congress tage, die Library of Congress, auch das Smithsonian Museum und das Lincoln Memorial. Und abends könne man ein bißchen durch Georgetown bummeln, wo es verschiedene sehr attraktive Restaurants gebe, in denen man gut essen könne. Und die National Gallery. »Da steht auch der ›David‹ von Michelangelo«, unterbrach ich. Ich fand, daß er Frank ähnlich sehe. Doch behielt ich das für mich.

Kurt sagte: »Charlott wäre eine ausgezeichnete Fremdenführerin. Sie fühlt sich hier zu Hause, in Washington, in Amerika. Sie liebt Amerika!«

Frank sagte nur: »Beneidenswertes Menschenkind.«

Mary kam uns schon am Eingang entgegen. Sie hatte ihr schwarzes Kleid an. Das Häubchen saß kerzengerade. Frank gab ihr die Hand: er habe schon viel von ihr gehört.

»Yes, Sir! How do you do, Sir?« Sie nahm ihm den Mantel ab.

»Sie versteht und spricht kein Wort Deutsch«, sagte ich zu Frank.

Wir setzten uns an den festlich gedeckten Tisch. Ich dachte mir für jedes Jahr eine andere weihnachtliche Tafeldekoration aus. Kurt und Frank verstummten. Ihre Bewunderung erfüllte mich mit Freude. Mein Ehrgeiz war befriedigt.

Die Unterhaltung war lebhaft und witzig. Frank aß wenig. Die süßen Kartoffeln rührte er nicht an. Kurt bedauerte, daß man in Washington keine Frankenweine bekäme. Er habe sich darum bemüht. Frank dankte für diese Aufmerksamkeit, für die Einladung und hob das Glas. »Freut mich, daß Sie da sind«, sagte Kurt. Wir tranken uns zu.

Kurz nach dem Dessert stand Frank auf. Ging in die Küche zu Mary.

»Paß auf, was sich jetzt abspielen wird«, flüsterte ich, schob die Anrichte, durch die das Essen gereicht wurde, hoch – so konnten wir, wie im Theater, die beiden beobachten.

Frank verlangte einen Topf. Mary reichte ihm den Wasserkessel.

»No, no!« Nach weiteren Mißverständnissen fand er selber den richtigen Topf, füllte ihn mit Wasser, stellte ihn auf die Gasflamme. Jetzt glaubte Mary, ihn verstanden zu haben, reichte ihm eine Büchse mit Teebeuteln.

Frank schüttelte den Kopf. Sie zeigte ihm weitere Teesorten – »Kaffee – coffee, Miss Mary!«

»Oh yes, Sir!« Ein erleichtertes Lächeln glitt über ihr großes rundes Gesicht. Sie reichte ihm eine Dose mit gemahlenem Kaffee, stellte eine gläserne Kaffeemaschine und die Filtertüten auf den Tisch. Geduldig hörte sie zu, als er ihr, während des Wasserkochens, erklärte, wie man einen guten Kaffee zubereite. Filterkaffee, Kaffeemaschinen – er schob sie beiseite – das seien alles nur »Schmonzetten«. Man solle, dürfe auch nie gemahlenen Kaffee kaufen, auch nicht in Dosen. »Yessir!« Frank schüttelte den Kopf, zeigte auf die Büchse: »Das ist ein Verbrechen!«

»Yessir.« Er bereite den Kaffee nur so, wie ihn seine Mutter immer gemacht habe: man mahle den Kaffee erst dann, wenn das Wasser zu kochen beginne, nicht vorher, dann schütte man ihn langsam hinein, lasse ihn dreimal kurz aufkochen, rühre ihn ebenso oft um, decke ihn zu und lasse ihn für ein paar Minuten ziehen – dann erst gieße man ihn in die vorgewärmten

Tassen. Kaffee müsse heiß – »hot, Miss Mary!« – getrunken werden, deshalb brauche er auch keine Kaffeekanne.

»Yessir! That's quite allright, Sir!« Mary sprang auf, nahm die drei Tassen vom Tablett, hielt sie unter das heiße Leitungswasser. Ich sah, daß Frank noch etwas suchte. Er bedeutete Mary, daß er vier Tassen brauche. Mary schnupperte genüßlich den Duft in ihre kurze dicke Nase, nahm die kleinste Tasse aus dem Küchenschrank. Ihr goß er zuerst ein.

Nachdem Mary die drei gefüllten Tassen aufs Tablett gestellt hatte, schob sie es rasch durch die Anrichte. Ich nahm es ihr ab. »Man lernt immer noch was dazu, honeychile –, Ma'm«, sagte sie, freudig erregt.

»Hast du alles verstanden, Mary?«

»Nein, sicher nicht, aber er hat eine so schöne Stimme, Ma'm!« flüsterte sie noch und zog die Klappe der Anrichte wieder herunter.

Kurt und ich hatten uns herrlich amüsiert.

»Schau mal an, es ist doch erstaunlich, wie stark er an seinen Gewohnheiten festhält«, sagte Kurt zu mir. Franks unkonventionelle Art gefiel ihm.

Ich war überrascht, wieviel Gesprächsstoff es zwischen den beiden so verschiedenartigen Männern gab. Gegen Abend fuhren wir Frank ins Hotel zurück. Er solle morgen anrufen, wenn er ausgeschlafen habe, dann würden wir alles Weitere besprechen. Beim Abschied gab er mir zwei Handküsse, auf jede Hand einen. Rasch schlief ich ein. Morgen würde er wieder da sein!

Für den nächsten Tag war Frank der Gastgeber. Danach fuhren wir zu uns nach Haus. Das Wetter hatte sich verschlechtert.

Wir beneideten Mary und Moses nicht um die Fahrt nach Virginia. Sie feierten die Weihnachtstage bei ihren Familien. Nach dem Neujahrstag würden sie wieder zurück sein.

Sie verabschiedeten sich von uns, als wollten sie eine Weltreise antreten. Mary rang nach Luft, um ihr Weinen zu unterdrücken, brachte gerade noch ein ›Merry Christmas to you all‹ heraus. An der Eingangstür drehte sie sich noch einmal um und sagte zu Frank: »Tut mir leid wegen der süßen Kartoffeln! Nächstes Mal bekommen Sie Bratkartoffeln und ein schönes saftiges Steak.«

Moses' prachtvoll gebürsteter Schnurrbart, auf den er viel Pflege verwandte, hing ihm bis über die Oberlippe. Nur wenn er lachte, sah man seine zuckerweißen Zähne. Er murmelte: »Merry Christmas to you all« und rannte die Treppe hinunter mit einer Grazie, wie sie oft gerade die Dicken besitzen.

Wir standen noch am Fenster, sahen der Abfahrt belustigt zu. Wie Moses es schaffte, sein ›Baby‹ ins Auto zu bugsieren, war ein Wunder. Zuerst faßte er sie behutsam um die Hüften, zog sie ein bißchen erst nach rechts, dann nach links mehr zur Mitte zu, wie man eine Kiste zurechtrückt, damit sie durch eine Öffnung geht, dann schob er Mary langsam ins Auto, bis sie ermattet von all der Anstrengung auf den Rücksitz sank. Moses reichte ihr viele Pakete, ihre große Tasche und einen mit einem weißen Handtuch bedeckten Korb.

Das Wetter änderte sich auch in den nächsten drei Tagen nicht. Freunde kamen zu uns, brachten Geschenke. Anfangs tat die Abwechslung wohl. Spazierengehen konnte man selten – die Kälte war erbarmungslos, zwickte grausam Wangen, Nase und Ohren: man war an das Haus gefesselt.

Die Tage gingen dahin, nichts konnte man sich sagen, außer, daß man es hinter Kurts Rücken getan hätte. Es begann alles mühsam zu werden, an den Nerven zu zerren.

Ich rief Frank am nächsten Morgen an, als Kurt fortgegangen war, um ihn abzuholen: »Du mußt mit ihm sprechen!«

»Du bist mir mit deinem Anruf zuvorgekommen! Ja, es wird Zeit«, sagte er.

»Erinnere dich bitte an all das, was ich dir gesagt habe!«

»Überlaß' das mir! Hab' keine Angst. Ich habe ein gutes Gefühl, man wird mit ihm reden können.«

Noch am gleichen Abend ergab sich für Frank die Gelegenheit zu seinem ›Heiratsantrag‹.

Sie saßen noch am Eßtisch. Als ich in die Küche gegangen war, um die Aschenbecher zu leeren, hörte ich sie von Amerika sprechen. Ich ging rasch zum Tisch zurück.

Frank erklärte, warum es ihm in Amerika nicht gefalle. Kurt rühmte die vielen Vorzüge des ›American way of life‹. Frank unterbrach, meinte, es müsse eher heißen: ›the American way against life‹. Kurt, nicht unfreundlich: »Da bin ich anderer Meinung.«

Frank hob die Arme, ließ sie auf den Tisch sinken: »Darüber reden wir ein andermal.«

Kurt fragte Frank, wie seine Bücher gingen.

»Überhaupt nicht« – ich trat Frank auf die Fuß-spitze –, »außer ›Karl und Anna‹.« Sein neues Buch sei ein Mißerfolg gewesen.

»Sie werden sich doch aber nicht entmutigen lassen, weiterzuschreiben?«

Nein, er arbeite bereits an einem neuen Buch.

Als das Gespräch in aller Offenheit auf materielle Fragen kam, trat ich Frank rasch wieder auf den Fuß. Er zog seine Rückfahrkarte nach New York aus der Hosentasche, sagte: »Das ist alles, was ich besitze« – und mit einem Blick zu mir: ohne es auszusprechen ›und dich!‹

Lachend wandte er sich zu meinem Mann: »Hören Sie, Kurt«, – er nannte ihn das erste Mal beim Vor-namen – »Charlott warnt mich unter dem Tisch. Sie hat mich gut vorbereitet.«

Kurt lachte laut.

Ich lief aus dem Zimmer, hörte ihn noch sagen: »Ja, wenn es sie selber betrifft, hat sie es nicht gern, wenn man über sie lacht.«

»Sie schämt sich! Das ist doch rührend. So ist sie nun einmal«, antwortete Frank.

Ich hauchte ans Fenster, kratzte mit dem Fingernagel an den Eisblumen, war wütend über mich selbst. Hatte alles verpatzt, das Gespräch unterbrochen. Ich ging zum Schrank, suchte ein anderes Paar Schuhe. ›Wie komme ich darauf‹, dachte ich, ›mich drückt doch das Herz, nicht der Schuh!‹ Nach einer Weile hatte ich mein Selbstvertrauen wiedergefunden. Ich ging hinüber, wollte keine Zeit mehr verstreichen lassen, auch selber sagen, was zu sagen war. Ich kam nicht dazu.

Frank mußte während meiner Abwesenheit bereits einiges besprochen haben, denn Kurts nächste Frage war: »... und wovon wollen Sie Charlott ernähren? Ihr Bedürfnis nach Sicherheit ist groß, und – sie ist eine verwöhnte Frau.«

Frank klopfte daraufhin nur kurz mit dem Handknöchel auf den Tisch: »Das lassen Sie meine Sorge sein!«

Ich erschrak. Ich hatte das Gefühl, nicht Kurt, sondern Frank vor eine Alternative gestellt zu haben. Mein Gott, so durfte das nicht sein! Es wäre eine untragbare Last für ihn. Das ganze Gespräch kam zu früh, alles ging zu schnell. Ich war bestürzt. »Du bist mir zuvorgekommen«, hatte er heute früh am Telefon gesagt. »Überlaß' das mir – hab' keine Angst!« Trotzdem konnte ich ein Schuldgefühl nicht loswerden.

Ich stand auf, zog die Vorhänge zu, nur um irgend etwas zu tun, ging zur Ausgangstür, um die Kerzen unseres Baumes einzuschalten: sie warfen bunte Lichter auf den Schnee.

Ich ging zurück ins Zimmer. Es war keine Feindseligkeit im Raum, als Kurt das Schweigen brach. Leise und bestimmt sagte er zu mir: »Wenn du nach einem Jahr noch glaubst, daß du dein Leben ändern mußt, wirst du allein die Entscheidung zu treffen haben.«

4

Die Scheidung

Die ganze Härte dieser Entscheidung traf mich nicht gleich. Man einigte sich auf eine vorläufige Trennung. Diese Trennung bedeutete, daß ich Frank für ein ganzes Jahr nicht sehen durfte.
Am nächsten Tag fuhr er ab. Er telefonierte noch mit Kurt. Diesmal brachte ich ihn zum Bahnhof. Er wollte nicht, daß ich mit an den Zug ging. Bevor er aus dem Wagen stieg, sagte er: »Fahr vorsichtig – als hättest du kostbares Glas im Wagen!«

Es war nicht die neue berufliche Tätigkeit, die mich in diesen Tagen strapazierte, sondern das zwielichtige, das falsche Leben. Wie beim Fotografen hieß es ständig: ›Bitte recht freundlich.‹ Auch der immer neue Stimmungswechsel zerrte an den Nerven. Ich begann mich gegen alles aufzulehnen, wurde mutlos. Bücher für die Herren Senatoren in der Library of Congress herauszusuchen, Zettel für entliehene oder zurückgebrachte Bücher auszufüllen – wie sollte das meinen Kummer beseitigen, meine Probleme lösen? Ich paßte in eine Bibliothek wie ein Clown zu einer Trauerfeier. Ich magerte ab, ging zum Arzt, dem einzigen Menschen, mit dem ich über alles sprechen konnte.

Die Liebe zu Frank quälte mich nicht. Unsere zerbrochene Ehe quälte mich. Ich wollte mir von meinem Mann erklären lassen, warum sie uns nicht gelungen war. Ich wollte mich nicht im Bösen von ihm trennen, auch wenn er sich schon einer anderen Frau zugewandt hatte.

Von Frank kamen tröstende, liebende, unglückliche Briefe. Keiner war datiert, nur manchmal war der Wochentag vermerkt.

Er schrieb: »Du machst mir Sorgen mit Deinen 98 Pfund. Kannst Du nicht Sahne trinken und bittere Schokolade essen? Beides macht dick, und eins reguliert das andere. Du verstehst? . . . Du bist die Hauptsache. Jetzt wirst Du mir den Gefallen tun müssen, zu essen, um jeden Preis. Du mußt!!! Man kann – ich weiß es! Und es hat keinen Sinn, daß Du Dich jetzt halb zu Tode arbeitest. Das darf nicht sein! Was hat der Arzt gesagt? Genau will ich das wissen. Wortgetreu! Wir haben genug ausgehalten. Du zuviel! Jetzt soll's schön werden. Und deshalb mußt Du meine brave Charlott sein und – essen!«

Ich telegrafierte: »Der Arzt hat gesagt: mir fehlt nichts. Außer, daß ich nicht bei Dir sein kann – das sage ich.«

Mit dem nächsten Brief, der einige Tage später kam, rannte ich zu meinem Arzt. Frank schrieb: »Ich bitte Dich, nicht zu sehr bedrückt zu sein. Aber die Entscheidung mußt Du jetzt treffen, ob Du unter allen

Umständen, wie sie auch seien, mit mir nach Europa und möglicherweise nach Deutschland fahren kannst und willst ... Eine Sicherheit habe ich nicht, von hier aus gesehen. Ja, was soll ich Dir noch sagen? Du bist in meinem Herzen, ich kenne Dich, ich kenne Deine Ängste und Deine seelischen Möglichkeiten und würde es Dir deshalb nicht übel nehmen, trotz der Vereinsamung und des tiefen Schmerzes, den ich erleiden müßte, falls Du davor zurückschrecken würdest, das Risiko auf Dich zu nehmen, Dich an einen so eingekreisten Menschen zu binden ... Ich habe einmal geschrieben ›Alles auf der Welt muß bezahlt werden, und am teuersten ist das Glück.‹ Ein wahrer Satz! Das Schicksal hat wieder einmal nach mir gegriffen, und es handelt sich wieder einmal darum, stärker zu sein als das Schicksal. Dazu bin ich entschlossen. Auch nach Dir hat das Schicksal gegriffen, da Du mich liebst. Mehr kann und darf ich Dir nicht sagen.«

Als der Arzt zu Ende gelesen hatte, sah er mich an: »Was sitzen Sie hier herum? Worauf warten Sie ...?« Da war ich auch schon an der Tür, fuhr nach New York, blieb so lange, wie es meine Arbeit erlaubte.

Als ich nach Washington zurückkehrte, verging die Zeit viel rascher, die Arbeit gefiel mir jetzt auch besser. Ich schrieb Frank täglich. Einmal fragte ich ihn, was eigentlich die Ehe sei. »Ein Scheidungsgrund«, scherzte er in seiner Antwort. Nun ja, dann müßte auch ich ihn eines Tages bekommen – und ich bekam die Scheidung. Mein Telegramm an Frank kreuzte sich mit seinem Brief:

».. . ich habe Dir vor ein paar Monaten, als es bekannt wurde, daß die Russen die Atombombe haben, vorausgesagt, daß eine Wendung in der amerikanischen Politik eintreten wird. Davon bin ich auch jetzt noch überzeugt. Das ist unsere einzige Hoffnung – die Hoffnung, nach Europa fahren zu können. Ich kann hier nicht mehr atmen. Ich muß fort. Ich muß! Ich muß eben ein Risiko auf mich nehmen. In den Wochen, die Du hier warst, schrieb ich trotz aller Quälerei nur drei Seiten. Trotzdem bin ich froh, diese Arbeit zu haben. Ich würde schwermütig werden. Habe seit Wochen mit keinem Menschen ein Wort gesprochen. Nur mit mir selbst. Die Arbeit ist meine Rettung. Aber sonst geht es mir gut. Ich bin voller Mut, und das ist gut. Wenn in Washington der Opern-Film ›La Traviata‹ gespielt wird, geh' hin! *Sie* singt so wunderbar, spielt gut, ist schön und ist übrigens Dir sehr ähnlich. Die Story kennst Du ja. Ich alter Kitschbruder habe vergebens versucht, nicht zu heulen ... Wir müssen mutig sein, ohne Mut geht es heutigentags nicht ... .«

Ich fing an zu packen, rannte durchs Haus. Mary schlich um mich herum, stopfte heimlich Süßigkeiten in die Koffer. Ich sah es, sagte aber nichts, um ihr die Freude eines späteren Briefes nicht zu nehmen, in dem ich meine »Überraschung« mitteilen wollte.

Am Abend sah ich sie nicht mehr. Sie hatte sich in ihr Zimmer eingeschlossen.

Kurt hatte die Scheidung in Montgomery, Alabama, vorbereitet. Ich mußte nur hinfahren. Es sollte nur einen Tag dauern. Anschließend erwartete mich Frank auf »unserer« Farm.

Schon im Morgengrauen wachte ich auf.

»Mary, hilf mir! Stütze dich auf den Koffer, bis die Schlösser einschnappen.«

»So, das wäre geschafft – 1 – 2 – 3 – 4! Hey ... Mary, wo ist die große Tasche?«

»Er hat sie schon heruntergetragen, Ma'm.« Sie meinte ihren Moses.

»Sie geht doch nicht mit dem anderen Gepäck auf die Farm. Ich nehme sie selber mit.«

Mary stand auf, rief zum Fenster hinaus: »Du, bring die große Tasche wieder zurück, hörst du?«

Moses kam, nahm seine Mütze ab: »Wohin geht das, Ma'm?« und zeigte auf die vier Koffer.

»Auf die Farm nach Kingston, Beaver Lake House. Du weißt doch, Moses?«

»Ja, ich weiß, Ma'm!« Er trug das Gepäck zum Auto.

Mary saß am Eßtisch, hielt beide Hände vor das Gesicht, ihre Schultern zuckten.

Fünf Koffer ..., das war alles, was ich nach einer vierzehnjährigen Ehe für mich behielt.

Für eine Sekunde sah ich mich auf der Gare du Nord

in Paris ankommen, 1934, morgens 9 Uhr, in die Arme meines Mannes rennend, der blaß aussah und vor Freude keinen Laut herausbrachte.

Vier Koffer und ein großer Schrankkoffer ...!

Mary öffnete halb die Augen: »Sie sind mit allem ausgeschmiert worden, Sie wissen das, nicht wahr, honeychile?«

»Es ist genug geredet worden, Mary, es ist vorbei!«

Übrigens, was Mary sagte, begriff ich damals in seinem ganzen Ausmaß gar nicht. Es kam mir erst viel später zum Bewußtsein.

»Bitte, setzen Sie sich, Ma'm!« Und mit ihrer tiefen ruhigen Stimme erzählte Mary eine kurze Geschichte: Sobald eines ihrer kleinen Geschwister Kummer hatte, nahm sie es auf den Arm und ging mit ihm im Zimmer umher, auf und ab, blieb plötzlich stehen: »Look in the corner – schau in die Ecke: Siehst du da den kleinen Engel? Das ist dein Schutzengel – Er wird dich schirmen, wo immer du bist – dein ganzes Leben lang. Er bleibt dort solange du ihn brauchst, und er kommt zu dir, wenn du ihn brauchst. Rufe ihn jetzt – und du wirst sehen ...« Das Baby streckte dann beide Ärmchen zur Ecke, rief: »Engel, Engel!«, lehnte das Köpfchen an Marys Schulter, weinte nicht mehr, schlief beruhigt ein.

»Jedes Zimmer hat vier Ecken, wo immer Sie sind, schauen Sie nach ihm, honeychile! Vergessen Sie nicht, nach ihm zu schauen. Wenn Sie es nicht tun, kommt er nicht, Ma'm!«

»Ja, ich will es tun.« Und glaubte ihr. Ich setzte mich neben sie. Ihre dicken, schwarzen Hände hielten die meinen fest.

Plötzlich sprang die Küchentür auf. Moses, mit blitzenden Augen, groß wie ein Baum, stand vor uns, den Arm voller Blumen. Mit einem prüfenden Blick auf Mary sagte er: »Süße, was ist mit dem Ku ...? – Du weißt, was ich meine – den Ku ...!«

»Halt den Mund! Dies ist meine Überraschung!«

»Ich sage nichts, Baby! Ich bin still wie eine Kirchenmaus!«

»Es ist an der Zeit, Ma'm! Wir müssen zum Bahnhof«, sagte Moses und schritt voraus.

Ich ging noch einmal durch die Zimmer, schaute durch das Terrassenfenster. Im Garten stand alles in rosa-weißem Apfelblütenschaum. Es duftete nach Geisblatt, süß und schwer. Auf der Farm gab es auch Geisblatt. Neben dem Schreibtisch in Kurts Zimmer lag jene Pfeife, die ich damals nachts noch aus der Bar zurückgeholt hatte, damit sie ihm am Morgen nicht fehlte.

Dann rannte ich zum Auto, winkte Mary mit beiden Händen. Sie stand vor dem Haus, regungslos.

Moses verstaute alles im Zug. Beim Abschied sagte er: »Das war nicht Amerika, was Ihnen das angetan hat, Ma'm. Wir werden Sie vermissen, und – wir bleiben auch nicht. Wir gehen heim nach Virginia, Ma'm. Der liebe Gott segne Sie!«

Einsteigen, Türen schließen, der Zug fuhr ab.

Mary und Moses schrieben mir später jedes Jahr nach Europa. Mary starb am 11. April 1959 in Virginia. Moses zwei Jahre später.

Der silberne Zug fuhr schnell, tiefer in den Süden, hielt sein Tempo. Der Schaffner brachte mir ›Winnie, the Pooh‹, meinen Teddybär, der noch in der großen Tasche steckte. »Nice little guy, isn't he?« und setzte ihn aufs Bett, mit dem Gesicht zum Fenster.

Ich mußte lachen. Poohs abgewetzter Rücken hatte etwas Rührendes. Er sah sich die amerikanische Landschaft an, der kleine ›Winnie‹, der in Deutschland noch ›Fritzchen‹ geheißen hatte und seit frühester Kindheit meinen Schutzengel gespielt hatte.

Tagsüber sah ich die Slums, die verfallenen Hütten, in denen ganze Negergenerationen auf engstem Raume gelebt hatten. Es schnürte mir die Kehle zu.

Ich schloß den Vorhang. Nur die kleine Lampe über dem Bett brannte. Ich versuchte zu lesen, legte das Buch wieder auf die Seite. Daß es so etwas gibt, daß es so etwas noch gibt, daß es so etwas immer noch gibt... Die Worte vermischten sich mit dem Rhythmus der Zugräder. ›Und die im Dunkeln sieht man doch!‹ Auch in Amerika.

Die aufgehende Sonne überflutete die reizvolle südliche Landschaft mit ihren schönen Häusern im Kolonialstil – weißen Holzhäusern mit Schaukelstühlen auf der ›Porch‹, versteckt hinter blumenreichen Parks, Straßen, die an Seen vorbeiführten, modernen Villen, vor denen große farbenfrohe Autos geparkt waren. In den Gärten am Rande der Teiche blühten Rosen, Azaleen, Kamelien und riesige Rhododendronbüsche. Kinder sprangen wie junge Delphine kopfüber in die Swimming-pools, griffen nach Bällen, auf denen stand, nur Peanutbutter mache groß, gesund und kräftig.

Vorbei an Plantagen, Tabak- und Baumwollfeldern, auf denen die schwarzen Arbeiter die wie Watte aussehenden Samen zupften. Die Männer trugen ausgefranste Strohhüte. Frauen, in weiten, bunten Rök-ken und Kopftüchern, die Gesichter tief am Boden, halfen mit, Tag für Tag, Jahr für Jahr. In Marys großem Reisekorb hatte ich solche Röcke gesehen. Warum sie sie denn nicht trage, hatte ich sie einmal gefragt. »No, I is too fat for that.« Aus einem ihrer Röcke hatte sie mir drei gemacht.

Im luftgekühlten Schlafwagen brachte mir David, ich mochte ihn nicht ›boy‹ rufen, auf einem fahrbaren Tischchen mein Frühstück, in dessen Mitte ein großer Kuchen prangte: Marys Überraschung, die Moses beinahe verraten hatte, als er, den Arm voller Blumen, vor uns im Wohnzimmer stand.

Während ich David ein Stück Kuchen anbot, fragte ich, was er denn zu all dem Elend meine. Er sagte zunächst nichts, dann antwortete er: »Wir sind zufrieden, Ma'm.«

»Und die andern?«

»Entschuldigen Sie, Ma'm, sie tun nichts dagegen.«

»Aber doch nicht alle tun nichts dagegen«, erwiderte ich ärgerlich. »Doch nicht alle!«

»Gut, lassen Sie mich dies sagen, bitte, so lange sie ihren Rang kennen, ist alles in Ordnung.« Wir sahen uns an.

»Denken Sie eigentlich wirklich so, David? Es sind doch Ihre . . .«

»Ich weiß genau, Ma'm!« Seiner Familie gehe es gut, er sei seit Jahren bei dieser Eisenbahn, und auch seine Frau habe einen guten Arbeitsplatz. Er verbeugte sich, ging. Ich schloß den Vorhang. Es gab keine Türen, nur Vorhänge mit Reißverschluß, so hatte man Bewegungsfreiheit. Die Vorhänge konnte man so schließen, daß sie von außen nicht zu öffnen waren.

Der Zug hielt. Wir waren in Montgomery, Alabama. David zeigte auf das Hotel. Er bot sich an, mich hinüberzubegleiten. Ich lehnte dankend ab. Ich war verstört. Auf der Straße war es drückend heiß. Im Hotelzimmer, so groß wie ein Tanzsaal, an dessen hoher gewölbter Decke sich ein riesiger Ventilator drehte, war es auch nicht kühler.

Der Rechtsanwalt empfing mich in seinem Büro, bat, meine Papiere einsehen zu dürfen, überflog sie, bot mir eine Zigarette an, gab Feuer, als plötzlich das Telefon klingelte: »Yes, this is Mr. Wedgewood speaking. Oh, Your Honor!«

Während des weiteren Gesprächs lachte Mr. Wedgewood mehrmals, drückte gleichzeitig auf einen Klingelknopf. Ein anderer ›David‹ trat ein, in dunkelblauer Livrée, über der Brust hing eine goldene Amtskette. Seine Haare waren weiß. Er verbeugte sich zu mir hin, nahm die Papiere, die ihm der Anwalt reichte. Dieser versicherte ›His Honor‹ gleichzeitig, daß der ›boy‹ bereits auf dem Weg zu ihm sei, und hängte ein.

Er fragte mich, ob die Reise angenehm gewesen sei und wie mir die schöne Landschaft gefallen habe. Von den Elendshütten sagte er nichts. Darüber sprach ich.

»Die Neger sind selber schuld. Sie sind faul. Sie wollen es ja nicht anders«, meinte der Anwalt.

Das kam zu schnell, zu automatisch. ›Hoppla, Charlott, du bist im Süden. Hier wirst du niemanden mit deinen subjektiven Argumenten überzeugen können.‹

Meine Scheidung verlief schnell und war für alle amerikanischen Staaten gültig.

Die Kürze des Verfahrens hatte eine unerwartete Ursache. Der gutgelaunte Richter, der mir die Papiere aushändigte, äußerte den Wunsch, mich verführen zu dürfen: zum Lunch. Er sah auf die Uhr, sprang auf, rief meinem Anwalt im Hinausgehen noch etwas zu ...

Der Richter gehe gerade zur standesamtlichen Trauung, eine Etage höher, wurde mir erklärt; und zwar zu seiner eigenen Hochzeit! Wir hatten gerade noch

Zeit, die schönsten und längsten Rosen für das Brautpaar zu besorgen.

Nach dem letzten Trinkspruch verabschiedete ich mich mit herzlichem Dank bei ›His Honor‹ für den reizenden Einfall, mich eingeladen zu haben. Ich wollte noch heute mit dem Nachtzug zurückfahren. Der Anwalt begleitete mich hinaus: »Alles Gute, Mrs. London. Es war ein Vergnügen, Sie kennengelernt zu haben.«

»Ganz meinerseits.«

Ich ging zum Hotel zurück, gab ein Telegramm an Frank auf und legte mich noch für eine Weile hin. Später rief ich in Washington an, sagte Mary, daß ich am Abend bereits abführe.

»Haben Sie in die Ecke geschaut, honeychile? Haben Sie Ihren Engel gesehen?«

»Es war nicht nötig, es ist nicht nötig, Mary dear!«

»Bless you, Ma'm!«

Ihre Stimme hielt gerade noch durch, um mir zu sagen, daß Mr. London an den Apparat komme.

»Jetzt hast du dein Ziel erreicht, Kitten«, waren seine ersten Worte.

»Ich fahre in drei Stunden. Um sechs Uhr früh kommt der Zug durch Washington . . .«

Seine Pause war kurz. »Ich weiß.« Wir sagten gleichzeitig: »Well then . . .« und hängten gleichzeitig ein.

Ich schlenderte durch die Straßen von Montgomery. Die Läden waren noch geschlossen. Vor fünf Uhr nachmittags machte niemand auf. Jeder suchte Abkühlung, wo immer er sie fand. Die meisten blieben im Haus. Durch die heruntergelassenen Jalousien hörte man das Surren der rotierenden Ventilatoren bis auf die Straße. Als ich um eine Ecke bog, blieb ich stehen, fasziniert von einem mächtigen Sonnenschirm, der mitten auf dem Bürgersteig stand. Dieser Fliegenpilz mit Fransen und weißen Tupfen änderte meine Stimmung. Morgen abend würde ich auf der Farm sein. Diesen Schirm mußte ich haben. Ich rüttelte an einer Ladentür, klopfte an die Fensterscheiben, ging über ein Höfchen und stolperte beinahe über einen Mann, der kreuzbeinig auf dem Boden kauerte, an die Wand gelehnt – von einem großen, tiefschwarzen Regenschirm beschattet. Er rührte sich nicht, obwohl ich direkt vor ihm stand. Seine Augen waren offen.

»Ich möchte gern diesen großen, roten Schirm kaufen.«

»Jawohl, wir werden ihn Ihnen ins Haus schicken.«

»Nein, bitte packen Sie ihn fest ein und bringen Sie ihn zum Nachtzug nach New York.«

Ich wiederholte meinen Auftrag. Nach einer längeren Pause sagte er: »Würden Sie das bitte noch einmal sagen?«

Ich wiederholte ein drittes Mal, öffnete meine Handtasche, zeigte ihm Wagen- und Bettnummer: Ich blickte auf den Schein, Wagen Nummer zehn, Bett fünfzehn.

»Wieviel kostet der Schirm?«

»Der taugt nicht für einen Zug, Ma'm! Er muß in

einem Garten stehen. Dazu ist er da«, gab er zur Antwort.

Ich hielt ihm einen Zwanzig-Dollar-Schein unter die
Nase. Jetzt stand er endlich auf, ging langsam in den
Laden, sprach mit jemandem. Ein zweiter Neger und
eine Frau kamen mit ihm. Und eine Schar Kinder.
Eins hielt sie auf dem Arm. Sie blieben zunächst
stumm, dann plapperten sie alle auf einmal los. Ich
wandte mich an die junge Frau, versuchte ihr zu erklären: Zug, nach New York, heute noch, Wagen-
nummer, Bettnummer, you understand?

Sie lachte Tränen, schnappte nach Luft. Ihr Mund
blieb offen, sah wie ein Ofenrohr aus, dann lief sie
mit den Kindern wieder ins Haus zurück. Die zwei
Boys sahen auf den Gartenschirm, gingen um ihn herum. Also, so konnte es doch nicht weitergehen: Wir
waren schon nicht mehr allein. Leute blieben stehen,
starrten grinsend zu uns herüber.

»Schau«, sagte ich, »meine Mutter ist krank. Sie darf
nicht in die Sonne. Ich will ihn ihr zum Geburtstag
schenken. Sie wird achtzig.«

Fünf Minuten später war der Schirm zusammen-
gerollt, verschnürt, mit einer Nylonhülle überzogen.
Jetzt war es Zeit, zum Bahnhof zu gehen. Zwanzig
Dollar, mit dem Trinkgeld fünfundzwanzig, eine
Menge Geld. Mir fiel ein, daß Frank, als er einen grö-
ßeren Betrag für sein erstes Buch bekam, seiner ersten
Frau Lisa einen Hut aus brotgelbem feinsten Stroh
gekauft hatte; groß wie ein mittleres Wagenrad, mit

hellen Seidenrosen üppig verziert. Es sei ein pracht-
volles Stück gewesen und habe damals 150 Mark gekostet, hatte er mir erzählt.

Die Boys nahmen den Schirm. Der größere schritt
voraus; er hatte ihn sich über die Schulter gelegt. Die
junge Frau, ihr Baby noch im Arm, folgte ihm. Die
Kinder hingen wie eine Traube vorn an der Hand des
Vaters. Sie drehten sich öfter nach mir um, hopsten
und sprangen, schnitten Grimassen – die ganze Pro-
zession machte ihnen einen Mordsspaß.

Der Zug stand schon bereit.

Der Schaffner wartete neben einer dreistufigen Treppe auf seine Fahrgäste. Es gelang nur mühsam, den
riesigen Schirm zu verstauen. Ich ging in den Aussichtswagen am Ende des Zuges. Zu beiden Seiten
des Waggons schützten gestreifte Markisen vor
Wind, Sonne und Regen. Blumenkästen schmückten
ihn wie einen Balkon. In kleinen Korbstühlen saß
man bequem auf weichen Kissen, vor sich fest mon-
tierte runde weiße Eisentischchen.

Ich stellte mir Franks belustigtes Lächeln vor, wenn
ich ihm dieses Monstrum von Gartenschirm überreichen würde. »Allmächtiger! Hast du den aus Alabama ...?« Er würde mich sofort in seine Arme
nehmen.

Am nächsten Morgen, bevor der Zug noch in Washington einfuhr, war ich wach. Er hielt nur wenige
Minuten.

Dann ging es weiter nach Kingston und zur Farm.

»Bobs! Bobs!«

»Hey, kid! Na endlich!« Sie erdrückte mich fast.

Als sie den Schirm bemerkte, geriet sie fast außer sich:
»Wie, glaubst du, sollen wir den ins Auto kriegen?«

»Kein Problem, Bobs!«

»Oh yea, wie?«

»Hast du einen roten Lappen?«

Sie sah mich verständnislos an.

»So ein rotes Stück Tuch meine ich, das wir hinten
ans Ende vom Schirm dranhängen, wie die Lastwagenfahrer, wenn sie Baumstämme oder Eisenstangen transportieren. Da hängt doch auch immer so ein
Fetzen dran.«

»Du bist wohl verrückt.«

Bobs war hinter dem Kombiwagen verschwunden,
zerrte eine Kiste heraus, reichte mir den Schirm, stieg
auf die Kiste, schob einige Schachteln beiseite und
band ihn auf dem Dach des Autos fest.

Bobs' Wagen schoß los mit aufheulendem Motor, daß
Hühner und Enten rundum gackernd und kreischend
davonstoben.

»Bist du hungrig?«

»Nein, nur nervös – aufgeregt.«

Wie oft hatte ich die Sonne hier auf- und untergehen
sehen, wie oft war ich diese Straße entlanggefahren!
Ich kannte jedes Loch in der Fahrbahn, die noch immer nicht ausgebessert war, und alle Flüche, die Bobs
oder Karl dann ausstießen.

In der Einfahrt stand Frank. Wir gingen den Weg hinauf zum Haus.

»Ich habe dir etwas mitgebracht.« Ich wies auf den Schirm, der an der Veranda lehnte.

»Das meinst du doch nicht im Ernst! Allmächtiger! Den hast du von Alabama . . .? Sag sofort, daß du mich liebst!«

»Yes, Sir – Ich liebe dich.«

»Er ist wunderschön – dein Schirm.«

»Yes, Sir – das ist er. Und er hat beinahe so viel ge-kostet wie Lisas Strohhut.«

»Und ich liebe dich.«

Mit diesen vier kurzen Worten hatte alles angefan-gen.

»Hast du mein Telegramm bekommen?« Ich schwatz-te drauflos. »Was hast du gemacht? Warum bist du erst vorgestern auf die Farm gekommen?« Ich küßte ihn auf die Nase.

Langsam gingen wir ins Haus. Frank setzte sich in mei-nen Schaukelstuhl: »Hör' zu! Ich war in Jamaica – mit Bill . . .«

Sein Freund hatte ihn zu einem großen Pferderennen eingeladen. Und Frank hatte die 600 Dollar, die er mir für die Überfahrt nach Deutschland aufbewahren sollte, mitgenommen. Er hatte sich gesagt, mit einer so geringen Summe, noch dazu mit einer jungen Frau, nach Europa zu fahren, sei sinnlos. Bill, der sich gut auf der Rennbahn auskannte, war für ihn jeweils mit einem Hundert-Dollar-Schein zur Kasse gerannt und

hatte gesetzt. Frank gewann und verdoppelte mit jedem Rennen seinen Einsatz.

Ich hörte kaum zu. Lag auf dem Bett, fragte nichts,
wollte nichts wissen: ›Er hat sein Wort gebrochen. Er
hat das Geld verspielt!‹

»Charlott, ich habe 8 922 Dollar und 70 Cents gewonnen. Frank holte aus seiner Hosentasche 50- und
100-Dollarscheine.

»Damit können wir in Deutschland schon etwas anfangen.«

Dann fühlte ich noch einen leichten Kuß auf meiner
Stirn, hörte, wie die Zimmertür leise einklickte.

Als ich erwachte, war es fast hell. Ich ging hinüber zu
ihm.

Es war der 30. Mai 1950, eine halbe Stunde vor sechs.

5

Rückkehr nach Deutschland

In Le Havre sahen wir Ruinen, zerfetzte Häuser, auf-
gerissene Straßen wie nach einem Erdbeben. Alles
grau, düster, kahl. Der Himmel schwarz. Es war er-
schreckend. Ich kam aus einem Land des Lichts. Aus
Amerika. Als die Freiheitsstatue mir den Rücken zu-
gekehrt hatte, bewegte mich ein Gefühl tiefer Weh-
mut. Frank war froh, als er Amerika verlassen konnte.
Ich wollte nicht nach Europa, hatte Angst davor.
»Wir haben schon manche Hindernisse gemeistert,
du und ich, denk daran, Charlott!«
»Was liegt vor uns?«
»Ein Leben zu zweit.«

In Le Havre gingen wir von Bord, fuhren mit dem
Zug nach Aachen. Am nächsten Tag wollten wir nach
Würzburg, in die Stadt, in der Frank geboren und
aufgewachsen war und die er als junger Mensch verlassen hatte.
Die Fenster des Zuges waren noch verdunkelt. Die
Glühbirne gab ein spärliches Licht. Der Schaffner beleuchtete unsere Papiere mit einer Taschenlampe,
dankte, die Hand an der Mütze. Die Coupétür ließ
sich nicht ganz schließen. Es zog an den Beinen. Frank

nahm meine Füße in seine Hände, rieb sie warm, behielt sie auf den Knien. Meine Schuhe hatte ich neben mir auf den Sitz gestellt.

»Der Schaffner wird schimpfen.«

»Niemand wird schimpfen. Ich bin doch bei dir!«

Nachts kamen wir in Aachen an. Taxis gab es keine. Ein alter Mann schob auf einem klapprigen Wagen unser Gepäck vor sich her – es war das einzige Geräusch – über Straßenlöcher, um Steinbrocken herum, blieb manchmal stecken, zerrte am Wagen. Die ihm angebotene Hilfe nahm er nicht an.

»Bin's gewohnt.«

Ein Kind schrie im Schlaf gellend auf, ein anderes rief nach der Mutter.

»Das wer'n se noch ne ganze Weil tun«, sagte der Alte mit der Mütze, die statt einer Nummer ein Loch in der Mitte hatte.

Es wurde wieder still. Nur das Rumpeln des Wagens war hörbar. Wo früher Fenster waren, sah man Löcher mit Sackleinen verhangen. Wo noch Häuser standen, Schutt, herumliegendes Gerümpel, Bruchstücke von Holz, Dachziegel, verbogene Stahlreifen, Bruchstücke von Fensterrahmen – ordentlich zusammengekehrte Glassplitter. Als der Mond wieder einmal hinter einer Wolke hervorkroch, standen wir vor dem Hotel.

»Sachte, sachte«, warnte der Portier den Dienstmann,

als dieser mit den Koffern im Vorbeigehen gegen die Tür stieß.

Im Bett machte ich mir Gedanken über den vergangenen Krieg. Über die Menschen in diesem Krieg. Frank strich mir das Haar aus der Stirn. Sein Kuß mahnte mich, jetzt zu schlafen.

Am nächsten Morgen klopfte es. Der Portier brachte das Frühstück. »War das früher ein Privathaus? Ist das hier Zollernstraße 25?« »Ja, nach dem Kriege wurde die zerstörte Villa in ein Hotel umgebaut, nur dieser Teil ist stehen geblieben.«

Ich hatte die erste Nacht in Deutschland in dem Zimmer geschlafen, wo ich vor zwei Jahrzehnten gewohnt hatte, als ich am Aachener Stadttheater spielte. Ob der Theaterbau wohl noch stand?

Wir gingen zuerst zum Bahnhof, um einen Zug nach Würzburg zu ermitteln. In der Bahnhofsbuchhandlung fragte Frank lächelnd einen Buchhändler nach seinen Büchern; er nannte ihm ein paar Titel. Der blasse junge Mann reagierte mit einem Achselzucken. »Ein deutscher Buchhändler kennt also nicht einmal meinen Namen!« Im Land seiner Sprache waren Franks Bücher verboten und verbrannt worden. »Über mich hat Hitler gesiegt.« Das Theater zu suchen fand ich nicht mehr wichtig.

Statt dessen gingen wir in den Dom. Fasziniert blickten wir auf den ältesten mittleren Teil des Domes, die auf die Karolingerzeit zurückgehende Oktogonal-

Kirche. Wir stiegen hinauf zu dem Flur, auf dem der einfache, solide Thronsessel steht, auf dem Kaiser Karl der Große saß, wenn er in Aachen residierte und dem Gottesdienst beiwohnte.

Frank sagte, dieser fast 2000 Jahre alte Thron sei Zeuge gewesen einer Wende in der Geschichte Europas. Hier, im Reich der Franken, sei der Kern des heutigen Deutschland. »Meine Heimat! Welch eine Tragödie, daß dieses schöne Land in Schutt und Asche gelegt werden mußte.«

Bevor wir den Dom verließen, drehte Frank sich noch einmal dem Thron Karls des Großen zu. Beinahe feierlich sagte er, jeder Überlebende des Hitler-Grauens müsse an dieser Stätte ganz besonders sich der Pflicht bewußt sein, für ein neues, freies und friedliches Deutschland zu wirken.

Selten habe ich Frank so sprechen gehört, denn er war von Natur ein schweigsamer Mensch.

Reichlich verspätet kam der Zug in Würzburg an. Franks Neffe Karl begrüßte uns: »Die Tante Marie steht seit drei Stund' auf dem Perron, war nicht zu beweg'n, in den Warteraum zu geh'n. Sie glaubte, weil der Bahnhof so zerbombt und es schon dunkel ist, daß der Zug an der Station vorbeifahr'n könnt.«

Marie, die alte Schwester Franks – sie hatten einander zwanzig Jahre nicht gesehen – fiel ihm weinend um den Hals. Er ließ ihr Zeit. Nach der Begrüßung sagte Frank: »Und das ist Charlott.« Marie richtete ihren

Blick nur kurz auf mich, gab mir nicht die Hand, war aber nicht unfreundlich. Sie hatte nur Augen für den Bruder. Frank war von vier Geschwistern der Jüngste.

Wir wohnten im »Lämmle«, einem Hotel, das nur noch zur Hälfte stand. Der Rest war Asche, Mörtel und zur Seite gefegter Sand und Staub.

»Marie wird dich gern haben«, sagte Frank. »Es wird nur noch eine Weile dauern. Sie ist langsam!«

Als wir am nächsten Tag in die Wohnung Karls und seiner Frau kamen – seine beiden noch kleinen Kinder erwarteten den berühmten Onkel mit Ungeduld –, lag Marie im Bett. Sie war krank. Vor Aufregung und Freude.

Frank setzte sich zu ihr ans Bett, fragte: »Haben dich meine Pakete erreicht?«

»Sie waren die Rettung.«

Am Abend hatte sie sich erholt. Es wurde eine lange Nacht. Vom ›schrecklichen Kriech‹ war die Rede, von Hunger und Bomben, von vielen, die gestorben waren, von Verzweiflung – auch von Mut und Kraft.

»Und jetzt wird alles gut, Onkel! Du wirst sehen«, sagte Karl, legte seine Hand dem Jüngsten auf den Kopf.

»Sie sollen's einmal besser haben als wir . . .«

Seine Buben waren neben mir auf dem Sofa eingeschlafen. Vier dünne Beinchen in zerstopften Strümpfen hatten es sich auf meinem Schoß bequem gemacht.

Die Tante aus Amerika wurde vorerst nur bestaunt. Ich merkte, daß sie alle noch nichts Rechtes mit mir anzufangen wußten.

Am Tag darauf kam der Würzburger Oberbürgermeister ins Hotel, um Frank zu begrüßen und ihm mitzuteilen, daß die Stadt Würzburg ihn durch ein Bankett ehren wolle.

Das Bankett fand nie statt . . .

Eine Anzahl prominenter Bürger Würzburgs hatte sich entrüstet über Franks Roman »Die Jünger Jesu«. Er habe, so hieß es, seine Heimatstadt verunglimpft, mit der Behauptung, Juden seien auf dem Würzburger Marktplatz erschlagen worden.

Jahre später, nach Franks Tod, als sich noch immer einige Unverbesserliche aufregten, hielt ich den Herren entgegen, daß sie doch nicht so »pingelig« sein sollten. »Ob man nun die Juden im Keller, auf dem Marktplatz oder im Konzentrationslager erschlägt, das ist ja denn doch egal!« Meine Schnoddrigkeit half mir, das Toben meines Herzens zurückzuhalten.

Der Oberbürgermeister, ein kultivierter, aufgeschlossener Mann, und seine Frau luden uns zu einer Autofahrt ein. Ihre Haltung hob sich von der Mentalität der städtischen Honoratioren deutlich ab. Als wir durch das zerstörte Würzburg fuhren, verstummte Frank angesichts der entsetzlichen Wirklichkeit. Tränen standen ihm in den Augen. Als wir den Main hin-

unterfuhren und an seinem Ufer spazierengingen,
sagte er im Gespräch mit dem Oberbürgermeister:
»Wohnhäuser können wieder gebaut werden,
Deutschlands architektonisches Kleinod wird nie wieder erstehen.«

Karl, seine Frau Paula und Marie betreuten uns mit
Sorgfalt und Freude. Die Kinder tobten bald vor
Übermut durch die Wohnung, saßen aber still, wenn
der »Onkel aus Amerika« von Amerika erzählte.

Wir wollten bald weiter nach München. Die Fahrt
verzögerte sich jedoch um einige Wochen. Ich bekam
eine Grippe mit hohem Fieber. Der Oktober 1950 war
naßkalt, das Hotel zugig, der Wirt unfreundlich.
In Amerika, erinnerte ich mich, war jetzt noch der
»Indian Summer«, warm und sonnig, Blätter in leuch-
tenden Farben, gelb, goldgelb, rot, rostbraun, sattes
grün. »Es sind alles meine Bäume«, hatte ich einmal
zu Frank in Amerika gesagt, mich wie ein Kreisel ge-
dreht und auf eine Gruppe von Bäumen gezeigt: »Sie
gehören alle mir!« »Beneidenswertes Menschenkind«,
hatte er geantwortet und damit gemeint. »Sie hat ihre
Heimat gefunden.«

Erst nach langem Bitten und Zureden wurde ich in
ein weniger zugiges Zimmer gelegt. Diese »Protek-
tion« verdankte ich Paulas Vater, der Oberkellner im
»Lämmle« war.

Marie kam täglich, blieb den ganzen Tag, war gut, half. Meinen Namen sprach sie noch immer nicht aus. Ich war immer nur »s' Mädle«.

Eines Tages nannte sie meinen Namen – im Ärger –, weil ich wieder einmal nicht essen wollte und jammerte, nach Frank rief.

Sie schimpfte: »So geht's nit weiter. Dann geh ich halt heim!«

»Bleib da, Marie. Ich sag dir auch, wann wir heiraten in...« »München« ging in einem Hustenanfall unter. »... und du kommst zur Hochzeit«, krächzte ich, »hörst du?«

Mit ihr verband mich eine feste Freundschaft – bis zu ihrem Tode. Sie starb nur wenige Monate nach Frank. Sie ertrug seinen Tod nicht, aß nicht mehr, sprach nicht mehr, wachte nicht mehr auf.

Frank fuhr nach Frankfurt zu Gottfried Bermann Fischer, der ihn mit den Worten empfing: »Ihr Buch ›Die Jünger Jesu‹ hat Ihnen in Deutschland sehr geschadet.« Er unterließ es, den Verleger aufzuklären und ihm sein neuestes Buch ›Links wo das Herz ist‹ anzubieten.

»Kränk dich nicht, Frank!«

»Ach, woher denn!« Ohne etwas zu essen, legte er sich ins Bett.

Vor der Abreise nach München gab es aber auch noch ein freudiges Erlebnis. Die »Räuberbande« kam zusammen. Das waren die Männer, deren jugendliche Abenteuer Frank in seinem berühmten Roman geschildert hatte.

Das Zechgelage der Freunde war heiter und ungezwungen. Darüber, daß sie älter geworden waren, beklagte sich keiner. »Oha! Daß mir älter werde, das ham mir erwarte. Daß mir überlebt habe, ham mir nit erwarte ...«

»So, bist also wieder daheim, Hardl?«

»Kommst aus Amerika?«

»Amerika ist weit!«

Langsam war das Gespräch angelaufen. Aber was dann durch Fragen wie:»weißt du noch?«, »entsinnt ihr euch noch?« allmählich an Erinnerungen hervorgeholt wurde, die fünfzig Jahre zurücklagen, war oft zum Staunen und Tränenlachen. Die im Laufe des Abends dutzendweise geleerten Bocksbeutel auf dem großen runden Tisch im ›Bürgerspital‹ konnten keinen von ihnen umwerfen. Kerzengerade saßen sie da.

Oskar Benommen, der ›bleiche Kapitän‹ mit Bauch und Glatze, der neben Frank saß, schob ihm die Erstausgabe der »Räuberbande« zu: »Schreib's heutige Datum unter das alte, Hardl!«

»Würzburg, Oktober 1950.«

»Schreibst immer noch die deutsche Schrift, wie mir's gelernt habe«, sagte er, lächelte und legte das Buch zwischen seinen Rücken und die Lehne der Bank.

An mir rätselten ›die Räuber‹ einige Zeit herum.

»Sei Tochter?«

»Sei Frau!«

»Nit sei Frau. Das Mädle is zu jung!«

»Was weiß man? Beim Hardl is alles möglich!«

»Fragt ihn halt.«

Die ›rote Wolke‹, Thomas Schletterer, der Gärtner, aus Rothenburg ob der Tauber nach Würzburg herübergekommen, fragte.

»Ich will's euch verrate. Sie will mich heiraten«, antwortete ›Old Shatterhand‹ Frank.

Ich lachte laut auf, hatte ihn noch nie fränkischen Dialekt reden hören, und dachte: »Nicht mehr lang, dann bin ich ›sei Frau‹.«

›Falkenauge‹, der neben mir saß, erhob sein Glas als erster. Sein ›Trinksprüchle‹ machte mich verlegen. Ich blickte in die Runde, sah, wie ihm alle aufmerksam und belustigt zuhörten.

»Was für nette Leute«, flüsterte ich Frank zu, als ›Falkenauge‹ geendet hatte.

»Was glaubst? Es sind grundanständige Menschen.«

›Falkenauge‹ erzählte mir, er habe heute noch die Stelle bei der Post, auf die ihn Frank ›damals‹ aufmerksam gemacht hatte: »Geh nauf zu deiner Mutter, sag ihr, meine Stelle bei der Post ist frei.« Falkenauge solle sich darum bemühen. Frank wollte sie nicht, wollte fort aus Würzburg.

»Und jetzt steh ich vor meiner Pensionierung. Bin Beamter geworden, und unser Hardl ist ein berühmter Mann.«

Ein Grund für einen neuen Trinkspruch. Im Laufe des Abends fanden sich noch viele Gründe.

Ich schummelte ein bißchen beim Trinken, merkte, daß ich weinselig wurde. Die anderen waren es auch. Ihnen machte es aber nichts aus. Sie saßen noch immer kerzengerade. Jetzt begannen sie das »Räuberlied«:

> Stehlen, morden, huren, balgen
> Heißt bei uns nur die Zeit zerstreun.
> Morgen hangen wir am Galgen,
> Drum laßt uns heute lustig sein.
> Stehlen, morden, huren, balgen. Ha!
>
> Das Wehgeheul geschlagner Väter,
> Der bangen Mütter Klaggezeter,
> Das Winseln der verlaßnen Braut
> Ist Schmaus für meine Trommelhaut.

Nach Mitternacht standen sie auf, verabredeten sich für den nächsten Tag zum Mittagessen. Frauen, Kinder und Enkelkinder sollten auch dabeisein.

»Die warte schon auf dich, Hardl!«

Erst in der kalten Nachtluft wurden sie ein Grüppchen schwankender Zecher und konnten sich nur noch aneinander auf den Beinen halten, wie Boxer, wenn sie benommen sind. Aber der bleiche Kapitän, einstmals Häuptling der Räuberbande und nun ein Mann mit Riesenbauch und Glatze, bugsierte seine Leute, kühn wie vor fünfzig Jahren, wieder einmal unversehrt aus einem gefährlichen Abenteuer heraus.

Oskar erzählte seine Geschichte erst am nächsten Tag beim Mittagessen, und sie war am schönsten.

»Ich hab' a Varieté in Wiesbaden gehabt. Das ist gut gegange, bis die Amerikaner kamen und es beschlagnahmten. Da hab' ich mir eine Gastwirtschaft aufgemacht, mit Garten.«

»Zum schwarzen Walfisch von Askalon?«

»Das hast meinem Bruder angedichtet. Oha! Das ist lang her, Hardl. Das einzige, was mir außer Schulden von dem Varieté blieb, war ein Löwe. Der Kapitän Schneider – er war mein Freund – hat mir den Löwen vermacht, bevor er starb. Zum Andenken. Also und, den Löwen hab' ich im Garten an den Baum gekettet. Unter eine große Kastanie. Er war die Attraktion von Wiesbaden. Der ist alt geworden. Die Zähn' hab' ich ihm nach und nach ziehe lasse müsse. Das hat mich eine Stange Geld gekostet. Aber, ich hab' das Tier nit leide sehen gekönnt.«

»Sie lacht, die Charlott! Ja, man hängt an so a Tier, Mädle!«

»Haben Sie noch die Gastwirtschaft?« fragte ich ihn.

»Ja«, antwortete mir seine Frau – und lud uns ein.

»Also, dann kommt! Kannst bei uns schlafe. Bist unser Gast, Hardl«, sagte der bleiche Kapitän. Dazu kam es leider nie.

Jetzt ist auch der bleiche Kapitän gestorben.

Einen Monat vor seinem Tod war er noch einmal in Würzburg. Da gingen er und ich zusammen auf die Suche nach der Höhle, wo die Räuber ihr »Zimmer« gehabt hatten. Oskar fand sie. Als Frank noch lebte, hatten wir auch schon einmal nach ihr gesucht, sie aber nicht gefunden.

Und Winnetou soll Mönch geworden sein. Aber gesehen hat ihn niemand mehr.

Ein paar Tage später fuhren wir nach München. Dort brachte uns ein Taxi zu einer Pension in der Nähe des Englischen Gartens. Sie gehörte einer einst sehr bekannten Filmschauspielerin.

Eine gespenstisch aussehende Frau kam uns entgegen, in langem wallenden Gewand, darüber eine Strickjacke. Vor ihr herlaufend, mit Schleife im zottligen Haar, ein wütend kläffendes Hündchen. Als die Schauspielerin Frank erkannte, stieß sie Schreie des Entzückens aus, versicherte ihm, er werde das »schönste Zimmer« erhalten. Von mir nahm sie keine Notiz. Das »schönste Zimmer« sah aus wie ein Gemach in einem Spukschloß. Decke und Wände hatten Risse. Porzellanhunde mit hervorstehenden Glasaugen glotzten uns an. Ein riesiges Bett mit einem Baldachin – die Seidenvorhänge zerschlissen, ebenso wie die Sitzflächen der Biedermeier-Stühle und eines Recamier-Sofas – war fast bis in die Mitte des Raumes geschoben. Dem Bett gegenüber hing zwischen zwei Fenstern ein bis zum Boden reichender Spiegel, der einen

Sprung quer durch die Mitte hatte. Daneben ein behäbiger, samtbezogener Sessel mit hoher Rückenlehne – das besterhaltene Stück.

Die Jalousien an den Flügelfenstern hingen schief, der Parkettboden knarrte, es roch muffig.

»In das Bett geh' ich nicht rein.«

In dieser Nacht legten wir die Kleider nicht ab. Frank zog seinen Bademantel über, schnallte unsere Reisedecke vom Koffer, setzte sich in den großen Sessel, zog mich auf seinen Schoß, breitete die Decke um uns und hielt mich die ganze Nacht in den Armen.

Am nächsten Tag zogen wir aus, in die neuerbaute Pension »Spitzweg«. Sie war von einer Keramik-Werkstatt durch ein Gärtchen getrennt. An der Sonnenseite der hohen Mauer, die von außen zur Hahnenstraße führte, prangte ein schöner alter Baum, dessen Krone fast bis zur zweiten Etage des Hauses reichte. Im Mai dufteten die Blüten in unser Zimmer hinein. Im Herbst sammelte ich die Kastanien für die Nachbarskinder, damit sie nicht ständig ins Gärtchen liefen und vom Hund angebellt wurden, vor dem sie mehr Angst hatten als vor Herrn Roth, dem Besitzer der Pension, der Werkstatt, des Gärtchens, des Baumes und des Boxers. Nur ein paar Schritte weit vom Haus entfernt lag das Weinrestaurant »Halali«. Dort trafen wir Freunde und Bekannte. Neugier oder Sehnsucht hatte auch sie veranlaßt, nach Deutschland zurückzukehren.

Auch sie kamen aus Amerika, von New York und

Hollywood. Unser Stammplatz befand sich im Haupt-
raum. An den Wänden Stiche mit Jagdmotiven. Über
uns ein stattliches Geweih, ein Zehnender, vom Wirt
selbst erlegt. Frank frotzelte ihn: »Das haben Sie gekauft, geben Sie's ruhig zu!« Den Wirt kostete es nur
ein Lächeln.

Zwischen Haupt- und Nebenraum saß abends ein
Zitherspieler, ein altes, freundliches Männchen. Er
eröffnete sein Programm mit der Musik aus dem
»Dritten Mann« und beendete es zu vorgeschriebener
Stunde mit dem sentimentalen Wiener Liedchen »Sag
zum Abschied leise Servus ...«
Es kribbelte mich immer ein wenig in der Nase – ich
war leicht zu rühren, wenn ich glücklich war!

Da war Frank, umgeben von Menschen, die sich freu-
ten, ihn wiederzusehen. Er war froh, im Land seiner
Sprache zu sein. Trotz zweier Emigrationen – die
zweite hatte siebzehn Jahre gedauert – war er voll
Optimismus, ohne Haß.
»Ohne Hoffnung kann man nicht leben, Charlott!«
Er blickte auf die Straße, auf noch schadhafte Gebäude, in noch magere Gesichter:
»Sie haben genug gelitten, und Europa hat genug ge-
weint!« Er zog meinen Kopf zu sich und küßte
mich.
Immer mehr Stühle wurden an unseren Tisch ge-
rückt. Fritz Kortner erzählte von Max Reinhardt und

Leopold Jessner, Erwin Piscator und Victor Barnowsky, über seine Triumphe und Theaterkräche in Berlin und seine Erlebnisse in Hollywood. Er hatte einen wundervollen sarkastischen Humor. Seine Hanna saß neben ihm. Obwohl sie die meisten seiner Geschichten kannte, viele miterlebt hatte, mußte auch sie immer wieder laut auflachen.

Rudolf Forster reminiszierte mit Anekdoten aus der k.u.k. Zeit. Sie hielten die Waage zu Kortners Hollywood-Grotesken. Auch Forster war ein glänzender Erzähler. Nach einem solchen »Auftreten« bestellte er bei der Bedienung ein Taxi, stand auf und ersuchte den neben ihm sitzenden Arzt, ihn, den Hypochonder, zu begleiten und ihm die medizinischen Rezepte für ein ewiges Leben zu verraten.

»Sie sollten das Theaterspielen nicht aufgeben«, sagte Forster zu mir. »Warum spielen Sie nicht mehr?«

»Sie will nicht«, entgegnete Frank. »Ich habe sie oft genug gebeten.«

»Warum nicht? Es ist ein beschissener Beruf, aber herrlich!«

»Sie will mich!«

Es stimmte! Ich geizte mit der Zeit. Unsere Zeit! Am Tage Proben, abends Vorstellungen? Wer kümmerte sich dann um Frank, wenn er arbeitete? Die Arbeit war sein Leben. Sollte er abends in der Garderobe herumsitzen, warten, bis die Vorstellung zu Ende war? Unsere Ehe sollte durch nichts gefährdet werden.

Kortner meinte, der Beruf des Schauspielers tauge nicht mehr für einen Erwachsenen. Er würde viel lieber Regie führen und schreiben. »Ein Buch zu schreiben«, sagte Frank, »ist so schwer, daß man einen Bergarbeiter beneiden könnte. Ich möchte aber an keinem anderen Beruf zugrunde gehen.«

»Aber was bleibt schon nach dem Tod eines Schauspielers?«

Kortner beantwortete sich die Frage selbst: »Nichts! Ein toter Schauspieler erlebt keine Renaissance.«

Die unerwartete Wendung des Gesprächs erstaunte. Forster und der Arzt, seinen Hut noch in der Hand, hatten sich wieder gesetzt, während Kortner apodiktisch erklärte: »Das Theater ist der Literatur, der Malerei, der Plastik, der Musik als Kunstgattung weit unterlegen. Eben dadurch, daß es nichts Bleibendes schafft. Alles, was mit ihm da war und lebte, ist vergangen. Das Theater ist das Sinnbild der Vergänglichkeit.«

»Und die großen Theaterregisseure?«

»In zwanzig Jahren sind auch sie vergessen!«

»Da haben es die Kinoleute besser«, protzte ein Filmregisseur. »Vom ›Panzerkreuzer Potemkim‹ spricht man heute noch und das ist 25 Jahre her. Und was die Russen machen, können wir auch.«

»Sie sind kein Eisenstein«, sagte ein Maler bissig und blies den Rauch seiner Zigarre nachdenklich in die

Höhe. Der Maler fuhr fort, nannte Namen und Film-
titel: »Wir haben keinen Eisenstein, keinen Pudow-
kin, keinen Dovshenko.«

Pudowkins »Sturm über Asien«, Dovshenkos »Erde«
hatten zu den Meisterwerken der Stummfilmzeit gehört.

»Aber sie fanden in ihrem Land aus politischen Gründen keine Gnade bei der Filmzensur. Dovshenko
schrieb 1947 in sein Tagebuch: ›Ich war ein Märty-
rer ... Die besten 20 Jahre meines Lebens habe ich
vergeudet‹.«

Frank widersprach.

»Wenn wir den Mut haben, zuzupacken, die Augen
offenzuhalten, sollte das Ende dieser schrecklichen
Epoche wegweisend sein zu einem neuen Anfang. Themen gibt es genug. Leimen wir unser zerbrochenes
Leben zusammen, holten wir Versäumtes nach! Wir
sind jetzt in Deutschland. Wir werden wieder arbeiten können.«

Es war spät geworden. Wir standen auf. Auf den
Teller des Zitherspielers klimperten Geldstücke.

Wie sollte man sich den Deutschen gegenüber verhalten? Jahrelang hatte man die erschreckenden Zei-
tungsberichte gelesen, die grausigen Wochenschau-
bilder vor Augen gehabt; das »Sieg Heil«-Gebrüll der
Nazis dröhnte noch immer in den Ohren. Millionen
hatten geschrien. Jetzt wollte es auf einmal niemand
gewesen sein ...

»Es ist schädlich, im Haß zu leben. Haß macht böse. Haß darf keinen Platz in unserem Leben haben«, warnte Frank.

An einem milden Frühlingstag gingen wir fröhlich am Tegernsee spazieren, wollten mit einem Schiffchen zum gegenüberliegenden Ufer fahren.

Ein junges Mädchen kam uns entgegen.

»Grüß Gott!« Ihre Augen waren staunend auf mich gerichtet. Sie blieb stehen, sah mir nach.

»Was gafft denn diese deutsche Gans so? Hat wohl noch nie einen richtigen Menschen gesehen!« platzte es aus mir heraus.

Frank war einige Schritte zurückgeblieben, lehnte sich gegen eine Mauer. Es dauerte, bis er Worte fand:

»So etwas wirst du nie wieder sagen!«

Er holte tief Luft, atmete seine Erregung aus, wippte sich ab von der Mauer: »Sie hat eine blühende, sorglose junge Frau gesehen, strahlend vor Glück, hat dich bewundert – und du beschimpfst und beleidigst sie!«

»Sie hat's ja nicht gehört.«

»Hoffentlich nicht!«

»Und wenn schon«, ich wollte nicht nachgeben.

»Das bist nicht du!«

»Auch!«

»Das würde unser Leben zerstören. Dein Mann ist noch immer ein Deutscher!«

Er ging voraus – allein.

In einem kleinen Café saßen wir später nebeneinander und schwiegen.

»Ich hab' Heimweh nach Amerika!« Das Schluchzen brach so mächtig durch, daß ich es nicht mehr zurückhalten konnte. Ich rannte vom Tisch.

»Wenn du das Schicksal mit einem so eingekreisten Menschen, wie ich es bin, nicht teilen willst, würde ich es dir nicht verübeln. Entscheide dich ohne Rücksicht! Ich bin Schicksalsschläge gewohnt«, hatte er mir nach Washington geschrieben. »Ich will es mit dir teilen«, hatte ich zurückgeschrieben.

Im Waschraum ließ ich mir kaltes Wasser übers Gesicht laufen, richtete mich her, zog die Lippen nach, sprach zu meinem Spiegelbild: ›Du hast gesagt, daß du mit ihm gehst – bis auf den Mond!‹ Der Mond scheint auch über Deutschland!·

Frank nannte Amerika seinen Nebenbuhler. Er sollte keinen haben.

Und doch war ich wieder einmal in das amerikanische Konsulat gelaufen, hatte im Korridor der Visa-Abteilung gesessen, in amerikanischen Zeitschriften geblättert, dem Stimmengewirr gelauscht und eine Auseinandersetzung verfolgt, die ein Angestellter mit einer Dame hatte: »Tut mir leid, Madame, wir können Ihnen nicht helfen.«

Er schüttelte den Kopf.

»Das ist nur Zeitverschwendung.«

Ich bezog diese Worte auf mich.

Unsere Zeit zu vergeuden, hatte ich kein Recht.

Ich lief die Treppen hinunter, eine Straße entlang, bog in die Hahnenstraße ein – im Gärtchen bellte der Boxer –, nahm zwei Stufen auf einmal, riß die Tür auf. Das Zimmer war leer.

»Wo ist mein Mann?«

»Was woas i?« sagte das Zimmermädchen, hängte ein Laken über das Geländer.

Unten im Treppenhaus stieß ich mit ihm zusammen.

»Wo warst du, Frank?«

»Du ranntest an mir vorbei.«

»Ich lief zu dir.«

»Ich weiß!«

»Du hast keinen Nebenbuhler mehr!«

Er sah ernst aus: »Was weiß man?«

»Jetzt weiß man, Frank!«

Diesmal kaufte ich mir einen weißen Hut zur Hochzeit. Eigentlich war es gar kein Hut, sondern eine Kappe aus weißen Schwanenfedern. Ich setzte sie auf einen Holzkopf, wie es meine Großmutter mit ihrer Haarkrone getan hatte, wenn sie mit ihrem Philipp in die Oper fuhr. Sie waren über 50 Jahre verheiratet gewesen. Das würden Frank und ich nicht mehr schaffen!

Wir heirateten am 28. Mai 1952, 8 Uhr früh. Frank wollte keinen Harmoniumspieler. »Er ist Musiker, hat sogar im städtischen Orchester gespielt. Jetzt is er a Rentner. Er nimmt 10 Mark«, hatte der Beamte vom Standesamt gesagt. »Ich zahle 20, wenn er nicht spielt.«

Er spielte und bekam 30.

Trauzeugen waren Fritz Kortner und Eberhard Klagemann, ein Filmproduzent, den Frank noch von Berlin her kannte und der sich gefreut hatte, ihn so unverhofft in München wiederzusehen. Zum Sektfrühstück sollte auch Kortners Frau kommen. Hanna ließ uns warten.

Kortner sagte: »Ihre Zerstreutheit war schon eine Jugenderscheinung« und erzählte eine Episode über ihre Vergeßlichkeit:

›Wo steckst du denn die ganze Zeit – warum läßt du mich so lange warten?‹

›Ich habe meine Handtasche zu Hause vergessen, mußte zu Fuß zurückgehen. Als ich vor der Wohnung stand, merkte ich, daß ich nicht aufschließen konnte, weil ja die Schlüssel in der Handtasche sind und mir niemand öffnete, da alle ausgegangen sind, was ich vergessen hatte. Und nun regnet's. Und ich habe meinen Schirm in der Straßenbahn stehen lassen, von der ich abgesprungen war, weil ich kein Geld bei mir hatte, das ja auch in der Tasche ist. Aber morgen bringe ich das Fahrgeld auf das Depot. Mein Vater würde mir sonst zürnen. Schließlich bin ich doch ein Stückchen mit der Bahn gefahren.‹

›Vergiß aber nicht, die Tasche mitzunehmen. Und bring den Schirm mit, falls er dort abgegeben wurde.

Vergiß ihn nicht! Vergiß alles, aber vergiß nicht mich!...‹

Frank sagte: »Frauen überraschen einen täglich von neuem. Man fragt sich, wie lange dauert es, bis du sie kennst? Jahre!«

Kortner und Klagemann nickten, ich schmunzelte.

»Und nach Jahren, wenn du glaubst, sie durch und durch zu kennen, kommt da plötzlich wieder etwas aus einer Gefühlsschicht, von der du keine Ahnung hattest. Was soll man jetzt dazu sagen?«

»Daß du es über mich geschrieben hast in deinem neuen Buch.«

»Es stimmt! Sie war bei meiner Geburt dabei. Es ist gut für einen Schriftsteller, eine Frau zu haben, die wie ein feines Haarsieb nur das Brauchbare durchläßt.«

Er hob sein Glas: »Es gehört dir – ich gehöre dir – was willst du mehr?«

Ich strahlte und dachte: ›Sechs Kinder hätte ich gerne, alles Buben. Um Namen wäre ich nicht verlegen. Sie sollten alle Frank heißen – Frank der Erste, Frank der Zweite ... der Dritte ...‹

Wir tranken auf das Buch. Es war erst vor ein paar Tagen fertiggeworden.

Mein schönstes Hochzeitsgeschenk hieß »Links wo das Herz ist«.

»Sie braucht ein Dach über dem Kopf, sonst läuft sie mir davon«, sagte Frank zum Hausmeister, der uns hinaufbegleitete.

»Im zwoaten Stock is's!«

Wir balancierten auf Brettern. Ein Geländer gab es noch nicht. Frank zog mich hinter sich her.

»Gib acht, halt dich an mir fest! Ups!« Er wäre beinahe selbst gestürzt.

»Paß doch auf, Charlott!«

»Yessir!« Ich schmunzelte.

»Hier is's.« Der Hausmeister war vorausgestiegen. »Türen hat's noch koane, aber zweiunddreißig Fenster. Schee groß san die Zimmer, net wohr?«

Wir nickten. 29, 30, 31, 32 – hm – könnte stimmen, wenn es Doppelfenster sind. Die Fenster hatten noch keine Scheiben.

Auf Franks Frage, was für ein Boden gelegt würde, antwortete der Hausmeister: »... des wiss' mer noch net! Sie wissen's ja, wie's is. Ois ham mer noch net.«

Er dankte Frank für eine Zigarette, gab ihm Feuer: »Alsdann, gemma, s'koalt!«

Dabei war es heiß am 18. August 1952.

»Wann können wir einziehen?«

»Ja mei, s'is a so ...« Es folgte ein unverständliches Buchstabenknäuel. Der Dialekt verschluckte die Auskunft.

»Übersetz mal, Frankie!«

Es war nicht mehr nötig. Der Hausmeister sprach etwas deutlicher: »So umra den ersten, zwoaten, vielleicht schon am ...«

»Vierten September? Ach bitte, da hat mein Mann Geburtstag.«

»Gratuliere – ois Guate«, wünschte der Hausmeister mir und schüttelte meinem Mann die Hand, schob mit der Fußspitze Papier und Flaschen zur Seite, schrie nach oben ins Treppenhaus: »Dös Glump muß naus, habt's mi'? S' is a Kreuz mit die Leut. Wenn's a Brot- zeit selber mitbring', nachat räum's i hinterher. Da machst wos mit, mit die Preißen! B'suffa san's alle- weil a no, weil's des Bier in der Sonne dringa, da haut's eana 's G'stell z'samm. Die schmeiß i naus!«

Am 4. September zogen wir ein. Frank blieb genau zehn Minuten in der Wohnung. Er fuhr zu einer Hochzeit – diesmal war er der Trauzeuge. Mir war der Wohnungstermin wichtiger.
»Wir brauchen ein Bett, eine Lampe und einen Koch- topf für den Kaffee. Das ist erst einmal das Wichtig- ste«, sagte Frank. Heute war Liefertag. Zu dem Was- serkessel hatte ich ein Küchenbüffet, einen gekachel- ten Küchentisch mit zwei Stühlen, Tassen und Teller gekauft. Alles in weiß und gelb. »Kommt aus Hol- land und ist besonders dekorativ«, versicherte der Verkäufer. Es war mein Geburtstagsgeschenk für Frank.
»Sie kauft alles nur für mich. Jeden Tag ein Geschenk. Sie braucht nichts – gar nichts! Auch wenn sie etwas für die Wohnung kauft, sagt sie, ich hab dir etwas Schönes mitgebracht! Ihre Geschenke werden mich ein Vermögen kosten«, erzählte Frank und hatte das Lächeln eines klugen Mannes, der Frauen kennt.

Die Wohnung hatte zwei ineinandergehende Zimmer, einen Korridor, Diele, Küche, Bad. Sie wurde nach und nach eingerichtet. Frank bremste meine Kauffreude.

»Nichts übereilt kaufen! Vergiß nicht, daß du mit den Gegenständen leben mußt!«

Im Geschmack waren wir uns nahezu einig. Ich überließ es ihm, die Zimmer einzurichten. Sein Malerauge kombinierte Farben und Material auf eine Weise, daß ich hell begeistert war. Kostbarer Stoffbezug in Beige für die Couch, grünseidene Bezüge, helles, englisches Blumendessin für die Sessel aus der Zeit der Jahrhundertwende, aus dunklem Holz; gegenüber lange dunkelrosa Vorhänge. Ein großer weißer Schaffellteppich bedeckte den gesamten Boden des einen Zimmers.

Im Sonnenlicht wie auch im sanften Lampenschein lösten sie Lichteffekte aus, die der Wohnung eine besondere Ruhe gaben. Obwohl das Wohnzimmer auch gleichzeitig Franks Arbeitszimmer war, erhöhte der Kontrast des glatten, schmucklosen Schreibtisches, den er nach eigenem Entwurf hatte arbeiten lassen, den Zauber des Zimmers.

»Eine Wohnung, die kein Leben ausstrahlt, taugt nichts, mein Herz!«

Auch durfte nichts Unnötiges, kein modischer Schnickschnack herumstehen. Die Mitte des weiten Raumes hatte freizubleiben, damit Frank auf- und abgehen konnte. Darum zog er auch ineinandergehende Zimmer vor.

Diese Räume waren unsere »Insel«, auf der Frank und ich uns geborgen fühlten.

Es begann ein Leben der Harmonie. Doch auch Kummer fehlte nicht. Den freilich bereiteten uns andere. Wir schützten uns so gut es ging.

»Es gibt Dinge, die man nicht zu nah an sich herankommen lassen darf, sonst hat man das Leben nicht«, sagte Frank. »Wenn es zu schlimm kommt, dreh das Gesicht zur Wand« – was soviel heißen sollte, »dreh der Welt den Rücken zu«.

Während des ›kalten Krieges‹ taten wir es. Es gelang nicht immer.

Es gab Dinge, die den ›Heimatlosen‹ nicht zur Ruhe kommen ließen. Aber Frank hatte Erfolg, und er hatte Freunde. Er begann sich wohlzufühlen. Und endlich besaß er wieder ein Heim. Nicht nur einen Löffel und eine Zahnbürste wie zu Zeiten der Emigration. Er nahm es nicht zu ernst, als sein Verleger – und nicht nur er – ihm riet, aus seinem neuen Buch »Links wo das Herz ist« den »provozierenden« Schluß gegen die Haben-haben-haben-Wirtschaftsordnung wegzulassen.

»Es könnte dem Verkauf des Buches schaden«, erklärte der Verleger, »und Ihnen vor allem den literarischen Weg in der Bundesrepublik für die Zukunft verbauen.«

Frank winkte ab: »Ich kenne meine Feinde. Ich fürchte sie nicht. Der Schluß des Buches bleibt so, wie ich ihn geschrieben habe. Es ist mein Glaubensbekenntnis, daran ändere ich nichts!« Und wie so oft im Leben fand er nicht die Unterstützung von Männern, die den Mut hätten haben sollen, für ihn einzutreten.

Frank hatte bald begriffen, daß sich in Deutschland keineswegs alles zum Guten wendete, daß seine Ansicht über die Zukunft des Landes »anstößig« und nicht gefragt war.

»Er hatte eine gewisse Ähnlichkeit mit Don Quijote, dieser herzensgute und kühne Träumer, der es vier Jahrzehnte lang versuchte, allein für die menschliche Würde und das menschliche Glück, für die mit dieser Welt unvereinbaren Ideale der Menschlichkeit zu kämpfen ...«

So schrieb Konstantin Fedin, sein alter russischer Freund aus dem Jahre 1923. So dachte das Ausland über ihn.

Als Frank nach seiner Rückkehr zum ersten Mal nach Berlin fuhr, stieg er in einem Hotel am Bahnhof Zoo ab. Schon wenige Minuten später wanderte er durch seine zerstörte »Weltstadt der Weltstädte«.

»Nichts als Trümmer, keine Häuser, Baumstümpfe, verbrannte Erde«, sagte er mir am Telefon.

Auf seinem Spaziergang kam er an das Lützow-Ufer, Ecke Budapester Straße. Von dort konnte er über die Trümmer hinweg bis zum Potsdamer Platz blicken. Trotz der Tragik dieses Anblicks war er dem Lachen näher als den Tränen. Es erschien ihm so grotesk, daß man jetzt in wenigen Minuten zu Fuß bis zum Potsdamer Platz gehen konnte.

Er ging weiter zum Brandenburger Tor, als er Schüsse hörte.

»Ich würde hier nicht länger herumstehen, Mann! Sehen Sie denn nicht . . . so jeht doch weiter, Leute!«

»Was ist los?«, fragte Frank.

»Revolution!«

»Warum?«

»Kaufen Sie die B.Z.! Da steht's drin!«

Es war am 17. Juni 1953, als Berliner Arbeiter rebellierten. Polizisten drängten die Neugierigen zurück.

Zitternd hörte ich in München die Rundfunkberichte über die Berliner Ereignisse. Bereits dreimal hatte ich Frank im Hotel zu erreichen versucht. »Herr Frank ist noch nicht zurück. Versuchen Sie es später.« Die Telefonverbindung war unterbrochen worden. Ich muß an diesem Tag Meilen und Meilen in der Wohnung hin- und hergegangen sein.

Als ich am Abend endlich seine Stimme hörte, war alles gut. Nicht alles! Erst als er hinzufügte: »Kortner ist auch da!«

Ja, sie seien den ganzen Tag zusammen gewesen und gingen jetzt essen, führen vielleicht auch zusammen zurück.

»Warum vielleicht?«

Er ging weg vom Telefon, kam wieder: »Kortner sagt: du sollst Hanna anrufen, er hätte nicht zu entscheiden.« Ich lachte laut auf. Kortner kam an den

Apparat. »Falls Hanna vergessen hat, wo ich bin, sagen Sie es ihr und geben Sie ihr meine Adresse, falls sie sie verlegt hat.«

»Ja, ja«, ich mußte immer noch lachen.

»Also, wann kommst du, Frank?«

»So schnell ich kann, Herzele.«

»Komm schneller!«

6

Sinfonia Domestica

Die Hausglocke schellte zweimal. Ich lief Frank entgegen. Er war schneller. In der Diele blieb er stehen. Der Hut flog auf den Haken, er blickte in die Zimmerflucht, breitete die Arme aus:
»Ah, diese Weite!«
Er ging in das Wohnzimmer hinein.
»Hier kann ich auf- und abgehen.«
»Etwas fehlt, Frank.«
Ich bekam meinen Kuß. Er legte seinen Arm um mich: »Jetzt, meine Charlott, haben wir ein Zuhause.«
»Ja. Du wirst wieder arbeiten können.«
Er ging langsam zum Schreibtisch, kreuzte seine Arme über die Stuhllehne, sah mich an und sagte: »Mögest du recht haben!«

Seit wir in diese schöne Wohnung eingezogen waren, hatte Frank wieder gearbeitet. Er schrieb Hörspiele, Drehbücher, änderte an seinen früheren Büchern für Neuauflagen, arbeitete an dem Drama »Ruth«, der Geschichte eines jüdischen Mädchens aus seinem Roman »Die Jünger Jesu«.
Wenn er morgens aufstand, setzte er sich an den

Schreibtisch, oft noch im Morgenrock, feilte, verbesserte, bis ein Satz so war, wie er ihn haben wollte, kein überflüssiges Wort enthielt. Erst dann schrieb er weiter; manchmal arbeitete er 16 Stunden lang bis tief in die Nacht. Wenn er schrieb, war er für die Welt verloren, man mußte ihn mehrmals rufen, bis er zum Essen kam. Er schrieb alle seine Manuskripte mit der Hand und ließ sie von einer Sekretärin abtippen. Das mußte aber schnell gehen, da er sonst seine eigene Handschrift nicht mehr entziffern konnte. Fiel ihm etwas ein – und das geschah oft in der Nacht –, stand er auf und notierte es sofort. Manchmal arbeitete er wie früher, »bis das Licht der Schreibtischlampe gegen die Morgensonne kämpfte«.

Frank liebte Ordnung, konnte aber keine halten. Seinen langen und breiten New Yorker Schreibtisch mit dem Chaos von Büchern, Rechnungen, Schecks, Manuskripten, Zetteln hatte ich noch in Erinnerung. Suchte er einmal eine Telefonnummer, so brauchte er nur hineinzugreifen in den Wust von Papieren, die Ecke eines Zettels aufzuheben, und schon hatte er das Gewünschte herausgezogen.

Ähnlich sah es auch auf seinem Münchner Schreibtisch aus. Man konnte in dem Zimmer, in dem er arbeitete, herumgehen, Staub saugen, Fenster putzen, nichts störte ihn. Aber wehe, wenn man versuchte, auf dem Schreibtisch Staub zu wischen, während er arbeitete, dann explodierte er: »Geh' in die Küche und setz' das Wasser auf! Den Kaffee mache ich selbst!« Aber der Ärger war bald verraucht. Frank war nicht nachtragend.

Um wenigstens die Korrespondenz und wichtige Papiere in Ordnung zu halten, legte ich eine Registratur mit Leitz-Ordnern an, in denen ich alles nach dem Alphabet geordnet ablegte. Frank hielt dies für überflüssig.

Eines Tages sagte er mir, ich solle ihm »den Brief von Müller-Meiningen vom 6. März 19 . .« heraussuchen. Aufmerksam beobachtete er jede meiner Bewegungen, während ich verzweifelt die Ordner durchstöberte.

Frank meinte, warum ich denn nicht unter dem Anfangsbuchstaben suche, nämlich unter »M«. »Ach ja, sagte ich, »der Brief ist unter F abgelegt, denn M.-M. ist doch ein *Freund* des Hauses.« Er lachte laut auf: »Mit dieser Ordnung kannst du im Deutschen Theater auftreten. Die Leute brächen vor Lachen zusammen! Unter Milliarden von Frauen kannst nur du auf diese Idee kommen, Himmelskind.«

Franks Gewohnheit war, seine Füße auf einen niedrigen Tisch hochzulegen. Er meinte, dies sei das einzig Vernünftige, das er bei den Amerikanern gelernt hätte.

Für unseren Haushalt brauchten wir eine Zugehfrau, die wir durch ein Inserat fanden. An einem Winterabend stellte »Emmi« sich vor. Sie gefiel mir sofort,

da sie meine Fragen vorwegnahm. Sie sagte gleich,
daß sie zwei Kinder habe, die eine Oma betreue; ihr
Mann sei Schlosser bei BMW.
Emmis kleine, flinke Augen hatten während des Ge-
sprächs das Wohnzimmer begutachtet. Die Tür zum
Schlafzimmer war angelehnt.
»Haben Sie Kinder?«
Ich verneinte.
»Können Sie kochen?«
»Freili.«
Ich zeigte ihr die Küche.
»Is scho recht.«
Dann sagte sie etwas, das mich endgültig für sie ein-
nahm: »Aber meine Kinder kommen immer zuerst,
Frau Frank.«
»Natürlich.«

Franks Neffe Karl schrieb uns, wir sollten nicht Ma-
ries Geburtstag vergessen. »Kommt halt, es wäre ihr
schönstes Geschenk.« Ein paar Tage später fuhren
wir nach Würzburg. Als wir die Station Heidingsfeld
passierten, stand Frank bereits im Gang, als ob er es
nicht erwarten könne, die Stadt, in der er aufgewachsen war, wiederzusehen.
»Bist halt wieder da. Hab lang warte müsse.« Marie
lebte auf, wenn ihr Hardl kam, sie liebte ihren Bruder über alles.
Am nächsten Morgen holte sie uns im Hotel ab, um
mit ihrem Hardl zum Frühschoppen zu gehen. Wir

schlenderten über den Markt. Frank sah gern den Bauern zu, wenn sie ihre Viktualien zu den Ständen hereinbrachten. Ein frischer Rettich wurde gekauft, den Frank zum Frühschoppen essen wollte. Ein junger Schnauzer gesellte sich zu uns, umschwänzelte Frank, der ihm freundlich den Kopf tätschelte. Marie und Frank gingen zum Zeitungskiosk, um die »Mainpost« zu kaufen. Der kleine Hund folgte Frank, setzte sich auf seinen Fuß und schaute ihn von unten herauf an. Frank lachte und gab dem Hund einen leichten Klaps. Die Kioskfrau sagte, beim Schlächter da drüben sei schon wieder ein neuer Wurf gekommen.

Einige Wochen später in München, brachte uns der Expreßbote einen Karton. Emmi nahm ihn in Empfang, stellte ihn auf den Küchentisch, rannte ins Wohnzimmer und sagte: »Herr·Frank, ein Paket aus Würzburg ist angekommen!«

»Vorsicht, nicht stürzen« stand auf einem Klebezettel. Emmi half mir, den Karton zu öffnen. Ich brach den Deckel auf. »Autsch!« Ich war in den Finger gebissen worden. Ein kleines Hundeköpfchen erschien, fletschte die Zähne und jaulte. Emmi lief ins Wohnzimmer. »Herr Frank, kommens schnell in die Küche!«

Frank lachte, hob aus dem Karton einen süßen, kleinen, knurrenden Schnauzer, der sich verängstigt an ihn schmiegte. Er nahm ihn und legte ihn mir behutsam in die Arme. »Er gehört dir. Sei gut zu ihm.« Mir blieb der Mund offen. »Wo hast du ihn denn her?«

»Marie und ich haben ihn beim Schlächter am Markt gekauft.«

Es war ein mittelgroßes Tier, eisengrau, kräftig gebaut, mit strammen Beinen, mit schönem Schnauzbart und wohlgeformtem Kopf, aus dem zwei kluge, dunkle Äuglein blickten. Ich sagte zu Frank, er sähe aus wie Bismarck. Er lachte. Damit hatte das Tier seinen Namen erhalten.

Frühmorgens öffneten wir die Wohnungstür, Bismarck lief hinunter zur Haustür, setzte sich hin und wartete, bis ein Hausbewohner kam, der die Tür öffnete, schlüpfte hinaus, inspizierte sein Revier und tat, was alle Hunde auf ihrem Morgenspaziergang tun. Dann kehrte er zum Haus zurück, wartete auf den Briefträger, schlüpfte durch die Haustür, rannte die Treppe hinauf, klapperte mit der Schnauze am Dekkel des Briefschlitzes an der Wohnungstür zum Zeichen, daß er wieder da war und wartete auf der Matte, bis wir ihn hereinließen.

Zwischen Frank und Bismarck entwickelte sich eine echte Männerfreundschaft. Frank verwöhnte den Hund nie, behandelte ihn wie einen Hund und nicht wie ein Spielzeug, sprach mit ihm, streichelte ihn, brachte ihm aber keine »Tricks« bei.

Wenn wir aufwachten, summte und plapperte ich vor mich hin, beschäftigte mich mit diesem und jenem. Fragte ich Frank etwas, bekam ich keine Antwort. Verstummte ich aber einmal, fragte er sofort, warum ich schwieg. »Du hörst mir ja doch nicht zu!« »Ich brauche dein Plappern; das ist wie ein Bächlein, das an einem Haus vorbeiplätschert.«

Bismarcks Aufgabe war es, Frank morgens die Zeitung zu bringen. Darum allein durfte er das Schlafzimmer betreten.

Frank pflegte die Zeitung vor dem Aufstehen im Bett zu lesen und Bismarck las mit. Er stand vor dem Bett, hatte seine Vorderpfoten auf den Bettrand gelegt. Wenn eine Seite umgeblättert wurde, duckte er sich und las dann weiter mit. Das war das allmorgendliche Spiel.

Mich – und Emmi – tolerierte er. Ich war ja diejenige gewesen, die ihm anfangs den Freßnapf hingestellt hatte – also mußte er sich mit mir gut stellen. Hatte er aber sein Fressen bekommen, mußte ich die Küche verlassen. Offenbar fürchtete er, ich könnte ihm das Fressen, so wie ich es ihm gegeben hatte, auch wieder wegnehmen. War er fertig, bellte er. Das war das Zeichen für mich, seinen Schnauzbart zu säubern, was er nur mit Widerwillen duldete.

Zu Weihnachten bekam er eine Bockwurst und eine mechanische Gummiente als Spielzeug. Als wir die Ente aufzogen und sie laut quakend im Zimmer herumlief, bekam er eine panische Angst, kroch unter das Sofa, bellte und war nicht wieder hervorzulocken. Als die Mechanik abgelaufen war, kam er endlich, wenn auch zögernd, hervor. Bismarck leckte an dem Entlein, biß auf ihm herum und spielte so lange damit, bis die Mechanik nicht mehr ging.

Wenn Emmi Staub saugte, setzte sich Bismarck vorn auf den »Hoover« und fuhr mit ihr in der Wohnung herum.

Jahrelang war uns der Hund ein lieber Hausgenosse, bis sich eines Tages die Katastrophe ereignete: An einem Sonnabend – Emmi war nicht bei uns – ging ich zum Einkaufen, Bismarck zum »Gassigehen« an der Leine. Als ich die Haustüre aufschloß, fiel mir der Schlüssel aus der Hand. Ich bückte mich danach, und im gleichen Augenblick bellte Kitty, die Pudeldame von gegenüber. Bismarck rannte los, riß mir die Leine aus der Hand und sauste auf die Straße. In diesem Moment bog die Straßenbahn um die Ecke, und noch ehe der Fahrer bremsen konnte, lag Bismarck unter dem Triebwagen. Menschen schrien auf, ich rannte hinüber. Frank, der nach mir die Treppe herunterkam, fand mich auf der Fahrbahn kniend, ein blutendes Bündel in den Händen. Er rief gleich ein Taxi, nahm mir den verletzten Hund ab, und wir fuhren so schnell es ging zur Tierklinik in der Königinstraße.

Frank sagte: »Bleib draußen und setz dich auf die Bank.« Als er aus dem Behandlungszimmer herauskam, sagte er mir, daß Bismarck noch lebe. Er habe sich auf dem Untersuchungstisch auf die Vorderpfoten gestellt und ihn hilfeflehend traurig angesehen. Bei der Untersuchung stellte der Arzt fest, daß beide Hinterbeine bis zum Gelenk abgetrennt waren. Bismarck könne zwar am Leben erhalten werden, werde

aber nie mehr laufen können. Die Alternative wäre, ihn einzuschläfern, was für den Hund keine Schmerzen bedeuten würde. Bismarck rutschte auf Frank zu und steckte sein Köpfchen in dessen offenen Mantel.
Eine Weile saßen wir stumm auf der Bank. Dann sagte Frank, daß es eine Qual für den Hund wäre, wenn er nicht laufen könne, und es wäre wohl besser, ihn einschläfern zu lassen. Ich nickte.

Manchmal bezog mich Frank in seine Arbeit mit ein, las mir vor, was er geschrieben hatte. Er war jedoch sehr empfindlich gegen Kritik.
Einmal gab er mir drei Seiten: »Lies das!« Ich las die Seiten genau. Sie gefielen mir nicht. Ich sagte ihm das. Da nahm er mir die Blätter aus der Hand und schlug die Tür zu. Als er wiederkam, ·war einiges abgeändert. »Lies es jetzt noch einmal.« Er wartete. »Es ist noch immer nicht so . . .«
Er schlug die Tür ein zweites Mal zu, ich lief ihm nach, sah, wie er unsere schönste Tischlampe nahm und sie wütend auf den Boden warf. Ich fegte die Scherben zusammen, sah ihn bitterböse an. Er lehnte an der Tür mit verschränkten Armen und sagte:
»Warum redest du so leichtfertig daher?«
»Wenn ich etwas Gutes sage, findest du es nie leichtfertig.«
»Hast was gesagt! Nur nicht zugeben wollen.«
»Ich gebe alles zu, wenn es stimmt. Was haben wir jetzt davon? Scherben!«

Ich wischte mir mit dem Besen in der Hand die Nase und brummte vor mich hin: »Und die Sätze stimmen doch nicht!«

Dann kamen mir die Tränen.

Frank nahm seinen Hut und ging aus der Wohnung. Ich stieß mit dem Fuß die Schaufel weg, daß es schepperte, rannte hinaus, riß die Wohnungstür auf und schrie ihm ins Treppenhaus nach: »Und jetzt noch fortrennen!« knallte die Tür zu und warf mich aufs Bett. »Typisch Mann!«

Eine Stunde verging. Frank war immer noch nicht zurück. Er kommt nie mehr wieder, dachte ich. Vielleicht war ich doch schuld? Wenn er wiederkommt, werde ich sofort in seine Arme fliegen. Ich werde nie mehr leichtsinnig sein, sondern sehr, sehr vorsichtig. Ich hörte den Schlüssel im Schloß. Endlich! Er ist da, Gott sei Dank. Es ist ihm nichts passiert.

»Charlott, komm' mal raus!«

»Nein.«

»Komm' raus.«

»Nie mehr!«

Er kam ins Schlafzimmer: »Sei nicht bockig, komm' jetzt!«

Ich ließ mir Zeit und folgte ihm langsam. Da stand eine neue Lampe! Darum war er weggegangen. Ich rannte auf ihn zu, umarmte ihn. »Hoppla, die Lampe! Um ein Haar . . .«

Bei uns hat eben auch der Krach gestimmt . . .

Quellenstudien für seine Romane hat Frank nie betrieben. Er war der Ansicht, ein Schriftsteller müsse genügend Phantasie und Vorstellungskraft besitzen, um eine Szene in allen Details korrekt beschreiben zu können. Manchmal unterlief ihm ein Fehler, und die Lektoren hatten Mühe, ihn davon zu überzeugen, daß eine Korrektur notwendig sei. Aber meist hatte er Recht.

In seiner Novelle »Die Kriegskrüppel« aus »Der Mensch ist gut« hatte Frank zum Beispiel beschrieben, wie es in einem Feldlazarett zugeht, in dem den Verletzten Gliedmaßen amputiert werden. Er zeigte einem Arzt, der selbst im Felde gewesen war, die Novelle. Der Arzt fragte ihn, ob er Mediziner sei. Als Frank verneinte, sagte der Arzt, er fände es erstaunlich, wie zutreffend er die Atmosphäre des Lazaretts und die Operationen beschrieben habe.

Frank war schweigsam. Wenn er einmal mehr als vier Sätze hintereinander sprach, so sagte er: »Heute habe ich meinen Quatschtag.« Langweilte er sich auf einer Gesellschaft, suchte er sich einen Stuhl, nahm ein Buch aus der Bibliothek, setzte sich unter eine Lampe und las. Andererseits war er ein aufmerksamer Zuhörer. Er schaute dem Sprechenden immer in die Augen. Wenn ihm Argumente nicht gefielen, wischte er sie höflich aber präzise vom Tisch. Er war nie verletzend. Er sagte einmal, man dürfe einem Menschen auf die Füße treten, aber niemals aufs Herz.

Frank sprach sehr ruhig. Er hatte eine tiefe Stimme, eine gute Aussprache. Selbst im Umgang mit der Familie befleißigte er sich eines reinen und gepflegten Deutsch. Nie redete er fränkischen Dialekt, hatte nur einen leichten fränkischen Tonfall. Nachlässiges Sprechen und Sprachverhunzung haßte er.

Gelegentlich – bei einer hitzigen Auseinandersetzung über Literatur oder Politik, die ihn in Erregung brachte – stotterte er etwas. Das war ein Überbleibsel aus seiner Schulzeit, als die Lehrer ihre Schüler durch Prügel zu erziehen versucht hatten. Als er 1903 das erste Mal nach München kam, litt er an regelrechten Sprachstörungen. Erst als er seiner wahren Berufung zum Schriftsteller sicher war, ging er mit großer Zähigkeit daran, diesen Sprachfehler zu überwinden.

In seinen persönlichen Bedürfnissen war Frank nicht anspruchsvoll. Er liebte das einfache Leben, war aber anspruchsvoll, was die Qualität des Essens und der Kleidung betraf. Er war kein starker Esser und bevorzugte einfache Gerichte – sein Lieblingsgericht war Tafelspitz. Fleisch kaufte er immer selbst ein. Wenn er im Laden nicht das Stück fand, das er wollte, ging er mit dem Metzger in den Kühlraum und ließ sich dort das gewünschte Stück abschneiden.

Gern kochte er; sogar im Smoking konnte er es. Die Küche sah nachher allerdings wie ein Schlachtfeld aus. Er servierte seinen Gästen selbst, setzte sich rittlings auf einen Stuhl, prostete ihnen zu. Warum er nicht mit ihnen aß? »Ich habe meine Generalprobe schon hinter mir!«

Frank besaß einen Frack, einen Smoking und zwei Anzüge, einen blauen und einen grauen. Er kaufte nur Bestes, Maßgeschneidertes. Er sagte, in einem Anzug müsse man schlafen können, ohne es ihm nachher anzusehen. Alle seine persönlichen Sachen kaufte er selbst, von mir wollte er nichts gekauft haben. Ließ er sich einen neuen Anzug schneidern, ging er ein einziges Mal zur Anprobe. Sein Augenmaß war so geschult, daß er dem Schneider genau sagen konnte, um wieviel eine Naht hier und eine Naht da geändert werden mußte. Und nach der ersten Anprobe saß der Anzug wie angegossen.

Ausgeprägt war sein Gefühl für Gerechtigkeit. Es schmerzte ihn, wenn er sah, daß Menschen ihren Mitmenschen gegenüber unrecht handelten.

Eines Tages schlenderten wir beide durch die Stadt. Als wir vom Odeonsplatz in die Residenzstraße einbogen, sahen wir vor dem ›Café Hag‹ einen Mann im Rinnstein liegen. Ein Passant drehte den Kopf des Mannes mit dem Fuß zur Seite und sagte verächtlich: »Versoffenes Schwein!« Frank war über diese Reaktion wütend; er verstand nicht, wie man so etwas sagen konnte, ohne zu wissen, was dem Mann zugestoßen sei. Er schickte mich in das Café, um die Polizei und eine Ambulanz anzurufen. Er selbst blieb draußen und wartete bei dem Bewußtlosen.

Bald darauf kam eine Ambulanz, zwei Sanitäter luden den Mann ins Auto und fuhren ihn in ein Krankenhaus. Trotz des Protestes der Sanitäter fuhr Frank mit. Ich wartete inzwischen im Café. Als Frank zurückkam, berichtete er, der Verletzte sei im Notraum versorgt worden. Er habe am Kopf eine blutende Wunde gehabt, die daher kam, daß er bei einer Herzattacke gestürzt und mit dem Kopf auf das Pflaster aufgeschlagen war.

Mit Fritz Kortner und seiner Frau hatte sich ein regelmäßiger Verkehr entwickelt. Durch Kortners lernten wir den Publizisten Werner Friedmann und seine Frau kennen, und eine enge Freundschaft verband die drei Familien bald.
Frank arbeitete am zweiten Teil seiner Lebenserinnerungen, die zu Ende zu führen ihm nicht vergönnt war. Kortner hatte Erfolge am Theater als Schauspieler und Regisseur. Werner Friedmann, über den die Nazis Berufsverbot verhängten, und der den Krieg bis zum Ende als Feldwebel mitmachte, war Mitbegründer der »Süddeutschen Zeitung«. Frank unterhielt sich gern mit ihm über politische Tagesfragen und stimmte seinem ausgewogenen Urteil zu. Er bezeichnete ihn als den deutschen Walter Lippmann.

Kortner spielte im Residenztheater den Shylock. Nach der Aufführung trafen wir uns im Hotel Vier Jahreszeiten. Noch ganz unter dem Eindruck des

Spieles saßen wir eine Weile schweigend beisammen. Kortner sagte zu Frank: »Nun, sagen Sie doch was!« Frank: »Merkwürdig, Sie sind Jude, ich Christ. Und doch sind wir Schicksalsgenossen.«

Frank und Kortner waren starke Raucher. Beiden hatten die Ärzte geraten, damit Schluß zu machen. Ich drängte Frank, den Rat zu befolgen – zunächst ohne Erfolg. Schließlich gab er nach und sagte: »Du wirst die Hölle haben. Reize mich nie!« Er begann kalt zu rauchen, das heißt, die Zigarette nicht anzuzünden. Es war eine Qual für ihn, aber er hielt durch.

Er erzählte Kortner, daß er das Rauchen aufgäbe. Beide gingen daraufhin zu Zechbauer in die Residenzstraße. Kortner verlangte einige Brasilzigarren. Frank kaufte eine Packung Kyriatzi Frères. Beide zahlten. Kortner schnitt einer Zigarre die Spitze ab und steckte sie in den Mund, Frank zog eine Zigarette aus der Packung und steckte sie ebenfalls in den Mund. Als sie sich zum Ausgang wandten, blitzten Feuerzeuge auf – die Verkäufer wollten den Herren Feuer geben. Doch die beiden winkten ab: »Danke, wir sind Nichtraucher!«

Eines Tages ging Frank weg und kehrte lange Zeit nicht zurück. Als er wiederkam, roch er stark nach Tabakrauch. Ich erschrak. Frank beruhigte mich: Er habe nicht geraucht, sondern sei den ganzen Nachmittag mit der Linie 6 von Endstation zu Endstation gefahren – und zwar im Anhänger für Raucher. Ich mußte laut lachen: »Geliebter Gauner!«

Er kaufte alle meine Kleider selbst, ging in ein Geschäft, suchte eine Verkäuferin, die meine Figur hatte, bat sie, das betreffende Kleid anzuprobieren. Saß es, trug er es in einer Tüte nach Hause. Kartons haßte er. Zuhause warf er mir die Tüte zu: »Zieh's an! Es paßt.« Und tatsächlich saß es wie angegossen – und kostete ein Vermögen.

Eines Tages hatte ich mir ein Kleid gekauft, das ich im Schlußverkauf gesehen hatte. Ich ging nach Hause, war unsicher, versteckte das Kleid im Badezimmer hinter dem Vorhang und ging ins Wohnzimmer, an Frank vorbei.

»Na, Herzele, gibt es was Neues?«

»Wieso?«

»Hast du was ausgefressen?« Er sah mich an: »Zeig her den Fetzen.«

Ich wich dem Thema aus. »Herzerl, wie geht es Dir?«

Frank wechselte das Thema nicht. »Hol's her!«

»Denk dir, nur 80 Mark hat es gekostet, es ist französische Seide «

»Trag's zurück!«

»Warum? Es hat nur 75 Mark gekostet. Soll ich es überziehen?«

»Trag den Fetzen zurück!«

»So etwas gibt es nicht wieder, Frank, es hat nur 63 Mark gekostet.«

»Trag's zurück!«

»Es ist doch riesig billig.«

»Du trägst es sofort zurück. Keine Widerrede!«
Ich heulte.
»Laß die Krokodilstränen.«
»Sie nehmen es mir sicher nicht zurück, es war doch im Ausverkauf, mir gefällt es.«
Am nächsten Tag ging ich in das Geschäft. Sie nahmen mir das Kleid nicht zurück: Es sei nicht umtauschbar.
Einige Tage später ging Frank mit mir in das gleiche Geschäft und sagte zu der Verkäuferin: »Zeigen Sie mir mal das Kleid da drüben. Charlott, zieh es über.« Es saß: ein braunes Spitzenkleid. Strahlend verließ ich das Geschäft. »Das ist nicht aus dem Ausverkauf. Siehst du, dieses Kleid mußt du tragen.« Es kostete aber auch 350 Mark!

1952 erlebte Frank seinen 70. Geburtstag. Viele Freunde kamen, auch jene, die man nicht erwartet hatte. Für die Fülle der Blumen fand sich in der Wohnung nicht genügend Platz, so daß ein Teil im Treppenhaus untergebracht werden mußte. Erst am Abend konnten wir die Flut der Post ansehen. Frank war besonders bewegt von einem warmherzigen Brief des Bundespräsidenten Theodor Heuss.
Die Stadt München ehrte ihn mit einem Festessen, zu dem Oberbürgermeister Thomas Wimmer im Namen des Stadtrates geladen hatte.
Der Festredner, Franks alter Freund Professor Dr. Hans Ludwig Held, spielte auf den kurz zuvor er-

schienenen autobiographischen Roman »Links wo
das Herz ist« an: »Es ist ein menschliches Herz, ein
gutes Herz, das wohl in Blutsverbindung bleibt mit
dem manchmal hektischen Pulsschlag der gegenwär-
tigen Menschen und Dinge, das aber doch seinen eigenen Takt nicht aufgab . . .«
In einer Feier der Münchener literarischen Gesellschaft »Tukankreis« charakterisierte Fritz Kortner
den Freund: ». . . ein Menschenalter glaubt der durch
Weltereignisse schwer Erschütterte unerschütterlich
an eine endliche Gerechtigkeit. Das ist sein Glaube,
seine Frömmigkeit«. Übrigens hatte Kortner seine
Rede mit einer köstlichen, für Leonhard Frank typi-
schen Anekdote eingeleitet: Nach durchzechter Nacht
wurden die beiden von Freunden bestürmt, sich zu
duzen. Von diesem Zeitpunkt an sah ich Frank überhaupt nicht mehr. Schließlich kam er doch wieder und
sagte: »Sin mer wieder gut. Sag'n mer wieder Sie.«

Würzburg lud Frank ein zu einer Autoren-Lesung,
wobei der damalige Oberbürgermeister Dr. Stadelmayer ihm die silberne Stadtplakette und einen Korb
mit »Eschendorfer Lump«, Franks Lieblingswein,
überreichte. Auf Stadelmayers Wunsch setzte der Intendant des Würzburger Stadttheaters »Karl und
Anna« auf den Spielplan. Frank und ich wohnten der
Premiere am 5. November 1952 bei. Es war eine gute
Aufführung, und das vollbesetzte Haus dankte dem
Autor und den Darstellern mit herzlichem Beifall.

Aber ein Würzburger Blatt dachte anders als das Publikum. Es bezeichnete das Schauspiel als »Reportage eines Kaffeehausliteraten« und Frank als »Verfechter einer leichtfertigen Moral«.

Der Verband der Heimkehrer, der Deutsche Soldatenbund und der VdK (Verband der Kriegsopfer) stießen in das gleiche Horn. Wegen »Beleidigung der ehemaligen Kriegsgefangenen und ihrer Frauen« wurde die Absetzung des Stücks vom Spielplan gefordert. Das Bischöfliche Ordinariat schloß sich an: Franks Stück sei unsittlich, zersetze die Volksmoral und unterminiere die Heiligkeit der Ehe und der ehelichen Treue.

Die dritte Aufführung von »Karl und Anna« sollte am 16. November, dem Volkstrauertag, stattfinden. Da jedoch Protestkundgebungen erwartet wurden, setzte der Intendant das Schauspiel kurzerhand ab. In Wirklichkeit hatte ein Großteil der schriftlich oder mündlich gegen das Stück protestierenden Organisationsvertreter das Schauspiel weder gelesen noch gesehen. Ich selbst wurde in einem Lokal Zeuge einer lebhaften Diskussion, bei der ein Schuhmacher lautstark »Karl und Anna« als unmoralisch verurteilte. Als ich ihn fragte, ob er das Stück gesehen oder gelesen habe, meinte er, so ein unmoralisches Stück würde er sich nie ansehen.

Dr. Stadelmayer ließ sich nicht von den Diffamierern einschüchtern. Er lud die Stadträte, prominente Vertreter des Würzburger Kulturlebens und Kulturbeflissene aus anderen Städten – zum Beispiel München – zu einer geschlossenen Sonderaufführung von »Karl und Anna« ein. Der Theaterkritiker der Süddeutschen Zeitung registrierte »respektablen Beifall«. Damit war den Gegnern des Stückes der Wind aus den Segeln genommen.

Der Würzburger Kulturausschuß trat einstimmig für das Stück ein. Der Stadtrat debattierte noch mehrere Stunden, und die Gegner des Stückes unterlagen mit 13 zu 27 Stimmen. »Karl und Anna« wanderte in den Spielplan zurück. Hatte auch die Toleranz gesiegt, so blieb für Frank ein bitterer Beigeschmack zurück. Es wurde ihm klar, daß ein nicht unbedeutender Teil seiner Mitbürger, von Vorurteilen befangen, ihn ablehnte. Dieses schmerzliche Gefühl sollte sich in späteren Jahren noch erheblich verstärken.

7

Reisen in den Osten

Die Teilung Deutschlands hat Frank nie als eine Trennung der Menschen in Ost- und Westdeutschland empfunden. Die Verschiedenheit der politischen und wirtschaftlichen Ordnungen störte ihn keineswegs in seinen menschlichen Beziehungen. Aus seiner Berliner Zeit hatte er viele Freunde, die nun in der DDR lebten, und er pflegte diese Freundschaften.

In der DDR hatte es sich herumgesprochen, daß Frank sich in München niedergelassen hatte, und solange noch keine Mauer existierte, kamen alte Bekannte und Freunde und besuchten uns.

Als erster kam Willi Bredel, ein kleiner, untersetzter, weißhaariger Mann mit rosigem Gesicht und meerblauen, freundlichen Augen. Er lebte in Ostberlin, wollte Frank besuchen und ihm Grüße von seinen Freunden überbringen. Ich sagte ihm, ich sei Leonhard Franks Frau und bat ihn, hereinzukommen. Mein Mann sei beim Friseur, ob er nicht warten möchte. Er erwiderte, es täte ihm leid, denn seine Zeit sei kurz bemessen. Ich solle Frank sagen, er möge seine Freunde in Berlin besuchen, sie würden sich sehr freuen. Vielleicht würde er ein andermal wiederkommen. Damit verabschiedete er sich.

Frank bedauerte, ihn verpaßt zu haben. Er sei ein alter Freund aus der Berliner Zeit und ein sehr guter Schriftsteller.

Der nächste Besucher war Erich Wendt, der damalige Leiter des Aufbau-Verlages in Ostberlin. Der Zufall wollte es, daß Frank wieder beim Friseur war. Wendt wollte ihn zu einem Besuch in die DDR einladen. Der dortige Schriftstellerverband plane eine Tagung, und er wolle sich mit Frank über Fragen des Urheberrechts unterhalten. Wendt tupfte sich verlegen mit dem Taschentuch die Nase, die angeschwollen war und ihn offensichtlich schmerzte.

»Ich hole Vaseline. Mein Mann wird ja gleich kommen«, sagte ich.

Als ich zurückkam, saß Frank schon bei ihm.

»Das ist Charlott, meine Frau.«

»Sie müssen sie mitbringen, Herr Frank: Bredel hat uns schon von ihr erzählt.«

Er blickte mich freundlich an und mißtrauisch auf das Seifennäpfchen, die Schere und das Holzstäbchen mit dem Wattebausch. Als die Prozedur zu Ende war, trug Wendt einen weißen Platschen auf der Nase, und bevor er ging, legte ich ihm noch ein Pflaster auf die wunde Stelle. Er verabschiedete sich mit einer Leidensmiene.

Wendt besaß eine Zurückhaltung, die Sympathie und Vertrauen einflößten.

»Die Menschen sind komisch«, sagte ich zu Frank.

»Da werden sie durch die halbe Welt gehetzt, lassen sich halb totschlagen für ihre Ideen, und wegen so einem kleinen Pickel auf der Nase stellen sie sich an wie Kinder!«

Johannes R. Becher, einer der ältesten Freunde Franks aus seiner Jugendzeit, rief eines Tages an, er sei mit seiner Frau Lilly in München. Frank freute sich sehr. Mit Becher, einem großgestaltigen Mann mit einem freundlichen Kindergesicht, verabredeten wir uns in einer kleinen Konditorei hinter dem Siegestor.
Die beiden Männer unterhielten sich über ihre Erlebnisse während der durch die Nazis erzwungenen Emigration. Becher berichtete von seiner Odyssee, die ihn über die UdSSR schließlich nach Ostberlin geführt hatte. Der Sozialismus sei die einzige gerechte Gesellschaftsordnung, und er wolle sich ganz dem Aufbau des zweiten deutschen Staates widmen. Frank erzählte von seiner Emigration nach den USA und seinem Entschluß, in die alte süddeutsche Heimat zurückzukehren. Nachdem beide ihre Erlebnisse ausgetauscht hatten, sagte Becher: »Komm doch auch zu uns, Frank.« Dieser antwortete etwas unbestimmt: »Wohin denn noch?! Aber was weiß man ...«

Der vierte Besucher, weitaus jünger als die vorhergegangenen, sah wie ein Mexikaner aus, und wenn er lachte, blitzte ein Goldzahn. Er stammte aus Thüringen und sprach auch so.

Walter Janka war der Nachfolger von Erich Wendt als Leiter des Aufbau-Verlages. Er überbrachte Frank eine offizielle Einladung des Schriftstellerverbandes der DDR. Mir überreichte er einen großen Strauß roter Rosen.

»Man erwartet Sie, Herr Frank!«

Frank blickte auf das Datum der Einladung und nickte.

»Ich hole Sie ab«, sagte der junge Mann. Damit war seine Mission eigentlich beendet. Frank hatte Gefallen an ihm gefunden und lud ihn zum Essen ein. Er freute sich über die Bescheidenheit und Selbstsicherheit dieses jungen Mannes, seine knappen, präzisen Berichte und Antworten.

Janka sagte: »... Sie kommen in gute Gesellschaft: Brecht, Eisler, Dessau, Erich Engel und viele andere, die Sie kennen, warten auf Ihren Besuch. Daß Heinrich Mann so früh starb, hat uns alle mit großer Trauer erfüllt. Zu uns wollte er kommen – und wäre auch gekommen.«

»Ich weiß«, nickte Frank.

Am Bahnhof Friedrichstraße wurden wir im Jahre 1954 von Mitgliedern des Schriftstellerverbandes empfangen und ins Hotel begleitet – und vielen Menschen vorgestellt. Bewegt sah Frank die alten Freunde wieder. Ich kannte niemanden. Aber die Lücke derer, die nicht mehr lebten, war groß. Man sprach von der Suche nach dem Land der Freiheit.

Die Menschen in der DDR sahen abgemüht aus, die Städte waren noch kaum wieder aufgebaut. Außer den roten Farben der vielen Spruchbänder sah alles grau aus. Man hatte hier keinen Marshall-Plan – dafür einen Friedensplan.

»De Jegenwart is lausich, de Zukunft allet, und det jeht nich von heut uff morjen, det wissen wa ooch«, sagte der Pförtner des Schriftstellerverbandes. »Aba dis mit die Kürschen, det seh ick nich ein. In eene Berliner Straße verkoofen sie welche, in ne andre ham se jar keene, und draußen uff'm Land« – sein Daumen stach ins Leere – »hängen se an die Bäume und verfaulen. Det is 'ne Scheißplanung.«

Die Putzfrau gab ihm einen Stups: »Wie redste denn? Die kommen von drüben, die Herrschaften.«

»Da wird ooch bloß mit Wassa jekoch«, brummte der Pförtner und brüllte ins Telefon: »Wo is denn nur der Wagen, Kolleje?«

Der Fahrer kam, um uns ins Hotel zurückzubringen.

Mit Johannes R. Becher waren wir zum Essen verabredet und fuhren anschließend nach Saarow-Pieskow in dessen Sommerhaus. Ein Segelboot lag am Steg. Die Unterhaltung ging bald wieder zurück in die Vergangenheit, von 1954 in das Jahr 1908. Sie redeten von heiteren Dingen.

Zum Beispiel von der Zeit, da Frank in München unstet von einer Atelierwohnung zur anderen zog, weil ihm oft das Geld für die Miete fehlte. Da hatte sich in der Nähe einer dieser Wohnungen ein Antiquitätenladen befunden. Im Schaufenster stand ein besonders schöner Louis XVI.-Stuhl. Wenn Frank an dem Geschäft vorbeikam, blieb er stehen und betrachtete den Stuhl mit sehnsüchtigen Blicken. Eines Tages beobachtete der alte Händler durch einen Vorhang die Verzückung auf dem Gesicht des jungen Burschen und trat aus der Tür seines Ladens.

»Sind Sie an dem Stuhl interessiert?«

»Ja – aber anders, als Sie denken. Ich habe kein Geld und nur einen Schlafsack im Atelier. Trotzdem würde ich gern diesen Stuhl in mein Zimmer stellen und drei Tage darauf sitzen.«

Die Augen des Alten wurden feucht. Das konnte kein Hochstapler sein und auch kein Betrüger!

Er trug Frank den Stuhl selbst hinüber. Dieser stellte den Stuhl in die Mitte des Zimmers, gegenüber dem Schlafsack, von wo aus er, wenn er nicht auf dem Stuhl saß, diesen entzückt betrachten konnte.

Frank saß eine Woche lang darauf – und brachte den Stuhl dann zurück. Beide lächelten.

»Und was meinst du, wie ich ausgesehen habe?« Frank beschrieb es: Die Manschetten am Oberhemd waren abgeschnitten, weil sie schmutzig waren, die Lackschuhe trug er ohne Socken, um den Hals lag ein seidener Schal, das Jackett hing lose über den Schultern.

»Die Welt kostete mich nichts, mir war sie zu teuer. Becher –« er wies auf ihn – »konnte sie bezahlen. Sein Vater war ein wohlhabender Mann.«

Becher griff, zu seiner Frau gewandt, ein: »Als Frank das erste Mal zu uns kam, meine Mutter hatte gerade echte Spitzengardinen gekauft, und sie ihn fragte ›wie gefallen sie Ihnen?‹, da sagte er: ›Scheußlich‹, wandte sich anderen Gegenständen im Salon zu, stellte einen Sessel um, stellte ihn wieder zurück, schüttelte den Kopf und murmelte nur: ›alles zwecklos!‹ und ging.«

Etwas später mietete sich Becher eine Atelierwohnung – sein Vater finanzierte sie – und bot seinen Freunden Frank und Henry Ring, einem Grafiker, an, mietfrei bei ihm zu wohnen. Und da ereignete sich die Geschichte mit der Ente.

»Setz' dich endlich hin! So kann ich nicht arbeiten«, rief Becher damals Frank zu, der etwas werden wollte und nicht wußte, was, und ruhelos im Atelier auf und ab ging. Becher tippte auf der Schreibmaschine Gedichte.

»Hol' uns was zu essen, wenn du schon keine Miete bezahlst, Frank. Und du, geh' endlich raus!« schrie er Henry an. »Ich lebe ja unter Irrsinnigen!«

Henry Ring war von seiner Mutter rausgeworfen worden. Sie schämte sich ihres erwachsenen Sohnes. »Er verdirbt mir das Geschäft!« Henrys Mutter war eine Prostituierte.

»Es ist zu verstehen«, hatte Henry gesagt und war von Paris nach München gefahren.

Henry litt an einem chronischen Blasenleiden, wollte aber keine Zeit verlieren an der Staffelei und kniff die

Beine zusammen. Er war der einzige unter den Dreien, der etwas verdiente.

Frank ging in den Englischen Garten. Es war Winter und er besaß keinen Mantel. Geschickt legte er eine Angel und wartete, bis er eine Ente aus dem Wasser ziehen konnte. Er versteckte sie unter seinem Jackett und schlug den Kragen hoch.

Plötzlich tippte ihm jemand auf die Schulter:

»Was machen's denn do?«

»Ich, ich geh' spazieren.«

»Was ham's denn da versteckt?«

»Ni ... nichts!«

»So. Nix hamma! Heben Sie die Arme hoch!«

Die Ente fiel dem Wachtmeister vor die Füße.

»Im Namen des Gesetzes, Sie san verhaftet!«

Frank kam in die Ettstraße aufs Polizeirevier. Außer ihm war nur noch ein Taschendieb da.

»Dös is a ganz a Blöder«, sagte der Wärter und fragte Frank: »Spielen's Karten? Tarock? Skat?«

Frank nickte.

Er bekam sauberes Bettzeug – blau-weiß kariert – und schlief in einer geheizten Zelle. In den dreibeinigen Waschständer mit einer Schüssel kam ein Krug mit Wasser, warmem Wasser.

»Und dahier unterschreibe's! Drei Tage Haft.«

Der Wärter schimpfte plötzlich los: »Sakra! Aber die Ente hat er selber mitg'nomma!«

Er meinte den Wachtmeister, der sich davongemacht hatte.

Und nun ging es ans Kartenspielen. Alle vier setzten sich an den Tisch, der Wärter, seine Frau, die blonde Tochter und Frank. Aus drei Tagen wurden sechs, aus sechs wurden neun. Frank war es zufrieden: die Zelle war warm, das Essen reichlich ... Nach zehn Tagen sagte der Wärter: »Wenn die Justiz kommt, is der Teufel los. I darf di ja net so lang dabehalten, denn dann bist vorbestraft.«

Frank bat, bleiben zu dürfen.

Am dreizehnten Tag riß der Wärter die Zellentür auf: »Naus gehst jetza, auf der Stell! Die Justiz!« Er machte eine Handbewegung zur Treppe hin.

Der Wärter zahlte ihm 10 Mark aus – seinen Spiel-gewinn –, schob ihn zur Türe und katzbuckelte vor den gestrengen Herren der Kommission.

Die Frau hatte noch in einen Schuhkarton Fleisch und Semmelknödel gepackt, ein Glas mit selbsteingemach-ten Gurken, Brot und Käse.

Nichts war verändert, als Frank wieder ins Atelier zurückkam. Becher saß an der Schreibmaschine und tippte noch immer am gleichen Gedicht.

Frank stellte den Karton neben die Schreibmaschine und ging erneut im Zimmer auf und ab.

Henry stand mit überkreuzten Beinen vor der Staffelei.

»Irrsinnige! Es sind Irrsinnige! Wir sind alle Irr-sinnige!« rief Becher, stand plötzlich auf, verließ das Zimmer und kam mit einem Buch zurück, aus dem er Frank das Gedicht »Ruhe« vorlas, das er diesem ge-widmet hatte.

Als Becher geendet hatte, sagte Frank schlicht: »Ich hab' etwas zu essen mitgebracht« und deutete auf den Karton.

Zwischen Frank und Walter Janka hatte sich ein herzliches Verhältnis entwickelt. Wendt und Janka, als Chefs des bedeutendsten Verlages der DDR, bemühten sich, die Verlagsrechte auch westdeutscher Autoren zu erwerben. Unter anderem veröffentlichten sie die Werke von Thomas Mann in der DDR.
Wendt hatte auch Frank um die Verlagsrechte für seine Bücher gebeten. Frank sagte zu. Bereits im Jahre 1952 erschienen im Aufbau-Verlag »Die Räuberbande« und »Das Ochsenfurter Männerquartett« in einer Lizenzausgabe. Seither hat dieser Verlag eine Reihe anderer Bücher Leonhard Franks – mit wesentlich höheren Auflagen als in der Bundesrepublik – veröffentlicht.
Es war die Zeit des Kalten Krieges. Damals verübelte man es Frank und anderen Schriftstellern, daß sie ihre Werke in der DDR erscheinen ließen.
Einem Kritiker, der Frank deswegen tadelte, entgegnete er: »Warum sollte beispielsweise die ›Räuberbande‹ nicht auch in der DDR erscheinen, wenn das Buch Wort für Wort so gedruckt wird, wie ich es vor vierzig Jahren geschrieben habe? Meine Bücher werden in der Bundesrepublik und in der DDR von Deutschen gelesen. Nicht wahr? Jeder deutsche Schriftsteller sollte sich das sagen.«

Den Sommer des Jahres 1954 verbrachten wir im Gästehaus der Akademie der Wissenschaften in Zeuthen. Frank hatte von der DEFA – der Rechtsnachfolgerin der UFA – den Auftrag erhalten, an den Drehbüchern und Konzepten zu Verfilmungen seiner Werke zu arbeiten. Unter anderem schrieb er ein Drehbuch zu seiner Novelle »Michaels Rückkehr«, die zunächst im Vorabdruck erschienen war. Zeuthen war ein idealer Platz zum Arbeiten: Ein kleiner Ort inmitten der Märkischen Heide, so wie sie Laistikow gemalt hatte, ruhig und doch bewohnt von geistig interessierten Menschen, die hier ihre Ferien verbrachten oder logierten, wenn sie Amtsgeschäfte in Berlin zu erledigen hatten. An den Abenden fand sich immer ein Kreis Interessierter zu angeregter Unterhaltung zusammen.

Am Tag nach unserer Ankunft erschien ein nicht sehr neu aussehendes Auto vor dem Gästehaus. Ihm entstieg ein Mann in Arbeitskleidung, der nach mir fragte und mir im Namen der DEFA einen Strauß Rosen übermittelte. Ich ging zu Frank und sagte ihm, daß die DEFA mir durch ihren Chauffeur die schönen Blumen geschickt hatte und ich fände das reizend. Am Abend erschien der »Chauffeur« zum Essen. Er war tadellos gekleidet und entpuppte sich als Professor Dr. Hans Rodenberg, Chef der DEFA. Ich schämte mich, ihn am Morgen nicht herzlicher begrüßt zu haben. Rodenberg, der Sinn für Humor hatte, lachte nur. Er wurde einer unserer besten Freunde.

Bei einem Ausflug nach Potsdam lernte ich eine junge Schauspielerin kennen und bemühte mich, sie für eine Aufführung von »Karl und Anna« zu interessieren. Es wurde nichts aus dem Plan, und wir verloren uns aus den Augen. Als ich Prof. Rodenberg später einmal fragte, was aus der jungen Schauspielerin geworden sei, sagte er, sie sei seine Frau und leite ein Kindertheater. Ilse Rodenberg ist mir eine liebe Freundin geworden und über den Tod ihres Mannes hinaus geblieben.

Frank hatte schon immer Pferderennen geliebt. Als in der Zeitung ein Rennen in Karlshorst angekündigt wurde, erinnerte er sich an seine Eskapaden mit Max Pallenberg bei den Pferderennen in Karlshorst, von denen Pallenbergs Frau, Fritzi Massary, nichts wissen durfte. Frank wollte gern am Sonntag zum Rennen, und die DEFA stellte ihm für die Fahrt ein Auto zur Verfügung.
Vor Beginn des Rennens sah er sich die Pferde genau an. Eines war darunter, das ihm sehr gefiel und von dem er meinte, es könne eventuell Sieger werden.
Dann ging er in eine Loge und setzte sich in einen leeren Korbsessel. Als »sein« Pferd an den Start ging, war Frank voller Spannung. Es lag gut im Rennen und hatte Aussicht, Erster zu werden. Die Spannung war groß und Frank sehr aufgeregt. Er feuerte sein Pferd durch Zurufe an und schlug dabei dem vor ihm sitzenden Herrn auf die Schulter – leider umsonst:

sein Pferd verlor um Nasenlänge. Da stand ein Mann in der Loge auf, kam zu Frank herüber und bat ihn lächelnd, den hochverehrten Präsidenten, der vor Frank saß, etwas sanfter zu behandeln. Wilhelm Pieck, Präsident der DDR und ebenfalls Pferdeliebhaber, stand auf, Frank wurde ihm vorgestellt, und Pieck sagte lachend, beim nächsten Rennen möge er bitte etwas mehr Abstand von ihm halten.

Der Sommer neigte sich seinem Ende zu. Frank hatte Geburtstag, und aus Berlin kam eine Reihe von Freunden herüber, die ihm im engsten Kreis eine schöne Feier gestalteten. Sein Freund Johannes R. Becher, der Minister für Kultur geworden war, bedauerte, nicht persönlich kommen zu können. Er sandte ein Telegramm, in dem er schrieb, Frank verkörpere »die Sehnsucht unseres Volkes nach einer Wiedervereinigung seines Vaterlandes«.

Im Mai 1955 fuhren Frank und ich zur Schiller-Ehrung nach Weimar. Es war eine Veranstaltung des gemeinsamen west- und ostdeutschen Schiller-Komitees. Thomas und Katja Mann waren ebenfalls als Ehrengäste anwesend.

Quartier für uns war im ersten Hotel am Platze reserviert worden, im »Elefant«, das gerade renoviert worden war. Becher hatte das schönste und größte Zimmer vorbestellt. Da es noch nicht vollständig möbliert war, wurden Leihgaben aus den Beständen von Bechers Ministerium zur Ausgestaltung des großen Zimmers verwendet. Wir hatten einen Vorraum, ein Wohn- und Schlafzimmer und ein riesiges Badezimmer mit zwei Badewannen. Dieses Badezimmer galt als Sehenswürdigkeit. Während der Nazizeit war es von der Prominenz der Partei benutzt worden, die dort in galanter Gesellschaft planschte.

Frank und ich legten uns nach Tisch zum Mittagsschlaf hin. Dieser wurde jedoch jäh unterbrochen, als im Vorraum eine sechs Mann starke Delegation mit Dolmetscher und Führer auftauchte, durch unser Zimmer marschierte, ohne von uns Notiz zu nehmen und im Badezimmer verschwand. Der Führer erläuterte den Gästen die besondere Bedeutung des Bades. Danach marschierten die Besucher wort- und grußlos wieder hinaus wie sie gekommen waren. Kurz darauf öffnete sich die Tür wiederum, und eine zweite Delegation marschierte durch unser Zimmer zur Besichtigung des Bades. Das reichte uns. Wir zogen uns an und gingen nach unten. Als wir Becher die Geschichte erzählten, lachte er schallend. Es stellte sich heraus, daß unser Vorraum noch eine Tür zu einem Zimmer hatte, in dem sich die Besucher zur Besichtigung des Bades versammelten.

Am 6. Oktober 1955 wurde Leonhard Frank die höchste Auszeichnung der DDR zuteil, der Nationalpreis Erster Klasse. Begründet wurde die Ehrung, die durch den Präsidenten der DDR, Wilhelm Pieck, in seinem Amtssitz auf Schloß Niederschönhausen erfolgte, mit dem Hinweis auf Franks »gesamtes humanistisches schriftstellerisches Schaffen, das einen bedeutenden Platz in der neuen deutschen Prosaliteratur einnimmt«. In seiner Dankesrede sprach Frank davon, wie schwer es sei, sich als freier Schriftsteller Anerkennung zu verschaffen. Seine Arbeit an seinem ersten Buch, der »Räuberbande«, verglich er mit dem Überqueren des Atlantischen Ozeans in einem Ruderboot.

Gewisse westdeutsche Kreise verübelten Frank die Annahme des Preises. Zeitungen warfen ihm vor, er sei ein Sympathisant des kommunistischen Regimes. Auch einzelne Mitglieder der Bayerischen Akademie der Künste waren entrüstet darüber, daß Frank eine Auszeichnung angenommen hatte von einer Regierung, die der Freiheit nicht gerade hold sei.

Nach dem Tode Stalins im Jahre 1953 besserten sich die Beziehungen zwischen Ost und West. Die Korrespondenz mit den Bewohnern Westeuropas wurde leichter. So kam es, daß Frank auch wieder zu seinem alten russischen Freund und Kollegen Konstantin Fedin Kontakt aufnehmen konnte. Dieser war jetzt Mitglied des Vorstandes des sowjetischen Schriftstellerverbandes. Sie hatten einander 1928 im Künstlerlokal »Schwannecke« in Berlin kennen- und bald sehr schätzen gelernt.

Fedin hatte durch Frank Deutsch gelernt und ein Interesse an deutscher Literatur gewonnen, das ihn ein Leben lang nicht verließ.

In den 50er Jahren erwachte auch in der Sowjetunion wieder das Interesse an deutscher Literatur. Zeitgenössische deutsche Autoren, deren Werke vor dem Zweiten Weltkrieg übersetzt und gedruckt worden waren, darunter auch Leonhard Frank, gewannen wieder an Aktualität und wurden neu aufgelegt. Deutsche Autoren aus Ost und West besuchten wieder die Sowjetunion.

Frank und ich erhielten im Juli 1955 eine Einladung des Sowjetischen Schriftstellerverbandes zu einem dreiwöchigen Besuch der UdSSR. Frank äußerte den Wunsch, den Besuch in den Monat Oktober zu legen und auf Moskau zu beschränken, da er die Anstrengungen einer ausgedehnten Reise scheute.

Meine Neugier war groß. Ich sollte wieder ein neues großes Land kennenlernen, das für viele Europäer – wie Churchill es ausgedrückt hatte – noch immer ein Enigma war.

Zu Frank sagte ich: »Uns werden die Ohren klingen. Die Leute werden sagen, typisch Leonhard Frank, jetzt fährt er sogar nach Rußland.«

Da Frank nicht fliegen wollte, fuhren wir mit der Bahn von Berlin nach Moskau. Aus dem Lautsprecher tönte leise Musik, die uns nicht unbekannt war. Die Ansagen in russischer Sprache verstanden wir nicht. Während wir an der polnisch-russischen Grenzstation hielten, beobachteten wir eine Kompanie stämmiger russischer Frauen in weiten Röcken, die angetreten war, um unseren Zug von den Schienen der europäischen Spurweite auf die breitspurigen russischen Schienen umzusetzen. Trillerpfeifen ertönten, kräftige Arme packten zu, und nach zwei Stunden stand der Zug auf den breiteren Gleisen. Während des Umsetzens hatte sich die Tür eines Nachbarabteils geöffnet, und es war ein Mann im Pyjama mit einer polnischen Generalsmütze herausgetreten, der sich am Bahnhofskiosk eine Zeitung kaufen wollte.

Es wurde wieder Abend und wir gingen zu Bett. In der Nacht hörte ich ein leises Stöhnen auf dem Gang. Neugierig öffnete ich die Tür und sah unseren Schlafwagenwärter, wie er die Messingbeschläge im Gang putzte und sich dabei die Backe hielt. Durch Zeichen fragte ich ihn, was ihm fehle. Er öffnete den Mund und deutete mit dem Finger auf seine Zähne. »Aha, Zahnschmerzen«, dachte ich, weckte Frank, bat ihn um das Röhrchen Gelonida aus unserer Reiseapotheke, ging auf den Gang zurück und gab dem Schaffner das Röhrchen. Dabei rutschten mehrere Tabletten heraus – und der Wärter schluckte sie alle auf einmal.

Am nächsten Morgen ging ich zum Samowar am Ende des Schlafwagens, fand den Wärter nicht. Statt dessen sah ich eine Frau, die den Samowar bediente. Ich bekam einen Schreck, lief zu Frank zurück und rief ihm zu, der Wärter sei nicht da, sicher sei er tot, wir hätten ihn vielleicht mit den Tabletten vergiftet, die Polizei würde uns verhaften. Frank lächelte und ging mit mir zu der Frau, die ein bißchen Deutsch sprach. Sie sagte, der Wärter schlafe, die Schmerzen seien weg, und in Moskau werde er gleich zum Zahnarzt gehen. Bald darauf erschien der Wärter selbst, strahlte und dienerte.

Bei unserer Ankunft in Moskau empfing uns eine Delegation des Sowjetischen Schriftstellerverbandes. Begrüßungsworte wurden gewechselt, ein riesiger Blumenstrauß wurde mir in den Arm gelegt. Wladimir (Wolodja) Steshenski, ein junger russischer Germanist und Literaturwissenschaftler – heute Abteilungsleiter der Auslandskommission und Biograph Leonhard Franks –, hatte den Auftrag bekommen, uns während unseres Aufenthaltes in Moskau als Führer und Dolmetscher zu betreuen.

Auf dem Bahnsteig hatte sich eine Menschenmenge eingefunden, die kleine Fähnchen schwenkte und uns mit freundlichen Zurufen bedachte. Lächelnd und für die Ovationen durch Kopfnicken dankend ging ich mit Frank und unserem Empfangskomitee den Bahnsteig entlang zum Ausgang und flüsterte Frank zu, ich fände es reizend, daß die Russen ihm einen so freundlichen Empfang bereiteten. Da überholte uns der polnische General aus dem Nachbarabteil und schritt auf eine große schwarze Limousine zu. Ihm hatte die Ovation gegolten! Die Menge klatschte noch immer.

Als ich Wolodja von meinem Irrtum erzählte, brach er in schallendes Gelächter aus. Mit einer ebenso großen schwarzen Limousine fuhren wir dann zum Hotel Moskva, in dem wir wohnen sollten. Intourist hatte die entsprechenden Arrangements für uns erledigt.

Unser Appartement bestand aus einem Empfangszimmer für Konferenzen, geräumigem Wohn- und Schlafzimmer und einem Wannenbad, in dem ein kleiner Elefant Platz gehabt hätte. Auch Fernseher und Eisschrank gehörten zur Einrichtung.

Vom Fenster aus betrachteten wir die vielen Menschen, die wie auf einem Rollteppich mit einer bewundernswerten Ruhe unaufhörlich ans uns vorüberglitten. Vor unserem Hotel lag eine U-Bahn-Station. Ohne Hast kamen Menschen auf Rolltreppen aus dem Tunnel tief unter der Erde, stellten sich ruhig an ihrer Bushaltestelle an, um zu ihrem Arbeitsplatz zu fahren. Fast jeder trug eine Zeitung oder ein Buch. Und sauber war die Stadt! Gruppen von Frauen waren ständig unterwegs, um mit Reisigbesen die Straßen sauberzuhalten. Der Russe trägt ein Schächtelchen bei sich, in dem Kippen und abgebrannte Streichhölzer verschwinden. Ein Mann – offensichtlich ein Fremder – warf eine Kippe weg. Ein Polizist folgte ihm, tippte ihm auf die Schulter, forderte ihn auf, zurückzugehen und das Weggeworfene aufzuheben – alles ganz ruhig und höflich.

Am nächsten Morgen geht die Tür des Appartements auf, eine kleine, rundliche Frau, ein Tablett in beiden Händen, kommt langsam auf uns zu. Ihr leises

»sdrastwuite« streichelt unser Ohr. Wir lächeln einander höflich an. Sie spricht nicht Deutsch, und wir wissen nicht mehr als zwei russische Worte und sehen ziemlich hilflos und verlegen aus. Sie deckt den Frühstückstisch, spricht mit dunkler, leiser Stimme zu uns. Leider verstehen wir nichts. Sie nickt Frank freundlich zu; dann sieht sie mich an. Wunderschöne Augen hat sie, sanfte, braune, gütige Augen, eine kleine, schmale Nase in einem ovalen Gesicht – darunter ein vollippiger Mund. Die große weiße Schürze über dem blauen Kleid bedeckt ihre Hüften. Auf dem Kopf der matronenhaften Frau sitzt eine kleine weiße Haube.

Sie erklärt uns, Butter heiße »Maslo« und Tee »Tschai«. Und wir wiederholen es und lachen über unsere Unbeholfenheit.

Ein guter Mensch, sagt Frank. Am Nachmittag und am Abend kommt sie wieder. Ihr leises Schlürfen hat etwas Anheimelndes, als säße man an einem warmen Ofen. Sie erklärt mir, was »Gute Nacht« heißt. Ich verstehe sie nicht. Sie legt ihre beiden Hände zusammen, die Fingerspitzen nach oben gerichtet, schmiegt sie an ihre Wange, schließt die Augen und sagt zwei Worte. Ah, ich verstehe! Ich wiederhole »spokoinoi notschi« – gute Nacht – und gebe ihr die Hand. Sie streicht mir übers Haar. Ich möchte wissen, wie sie heißt. Matriona Stipanowna! »Spokoinoi notschi!« Und Matriona Stipanowna geht in ihrem ruhig schlürfenden Gang zur Tür hinaus.

Die Eindrücke des Tages krabbeln wie Ameisen in meinem Kopf herum.

Am nächsten Tag kommt eine andere Zimmerfrau. Aber den Tag darauf ist Matriona Stipanowna wieder da. Sie bewundert meinen Shawl, nickt anerkennend mit dem Kopf, zeigt auf meine Brosche und legt die Fingerspitzen ihrer linken Hand seitlich an den Mund, neigt den Kopf ein wenig vor, um besser sehen zu können, und stößt ein bewunderndes »otschen choroscho« aus. »Babuschka?« fragt sie. Ich kenne das Wort. »Da«, antworte ich. Ein altes, wertvolles Erbstück meiner Großmutter ist diese Brosche, das hat sie doch richtig erraten. Mit Gesten frage ich, ob sie Kinder habe. Sie blickt uns ins Gesicht, deutet die Größe ihres Kindes an. Ah, ein Mädchen, glaube ich zu verstehen und lächle. Aber sie macht eine Geste, die ein Gewehr im Anschlag bedeuten muß. Oh, ein Sohn, im Krieg gefallen. Wie aus dem Gesicht geschlagen vergeht mein Lächeln. Ich hebe einen Finger hoch. Ihr einziger Sohn? Ihre Augenränder röten sich. »Da«. Ihre Schultern beben. Sie weint nach innen. Mir springen die Tränen ins Gesicht, Frank senkt den Kopf. Der Krieg hat Matriona Stipanowna den Sohn genommen. Aber sie wischt mir die Tränen ab. Sie mir! Ich gehe auf sie zu, lege beide Hände auf ihre Schultern, beide Arme um ihren Hals, muß zu ihr sagen: »Wir lieben Sie, Matriona Stipanowna, wir lieben Sie.«

Mit Wolodja besuchten wir das Maxim-Gorki-Institut und die Lenin-Bibliothek, wo wir Schriftstellerkollegen zu anregenden Gesprächen trafen.

Theater- und Konzertbesuche füllten unsere Abende. Wir erlebten eine unvergleichliche Aufführung des Balletts »Giselle« mit der Primaballerina Ulanowa im Bolschoi Theater. Zur gleichen Zeit war auch Konrad Adenauer in Moskau, und es traf sich, daß er die gleiche Aufführung im Bolschoi Theater besuchte. Mit Regierungsmitgliedern saß er in der alten Zarenloge. In der Pause wurde er vom Publikum erkannt, spontan stand alles auf und klatschte. Adenauer erhob sich ebenfalls und dankte mit erhobenen Armen für die Ovationen, die die Achtung bezeugten, die er beim russischen Volk genoß.

Im Kreml besuchten wir die Kathedralen und Paläste, sahen Krönungs- und Grabkirche der Zaren, ihre Prunkgemächer, die Sammlungen historischer Waffen und Gewänder. Wolodja belehrte uns, daß die gegenwärtige Regierung das kulturelle Erbe des alten Rußland, das künstlerische und kunsthandwerkliche Erbe, pflege und restauriere. Auch Zaren wie Peter der Große und Ivan der Große würden geehrt und geachtet, weil sie zur Größe Rußlands beigetragen hätten.

Einen tiefen Eindruck machte auf uns der Besuch der Tretjakow-Galerie, einstmals das Stadthaus eines Bankiers, der Bilder russischer Maler sammelte und diese dem russischen Volke schenkte. Wir waren nicht sonderlich berührt von der frühen profanen Kunst, die westliche Motive kopierte. In der Zeit aber, als die Maler sich Motiven aus der russischen Geschichte und dem russischen Volkstum zuwandten, schufen sie hervorragende Kunstwerke.

Einen nachhaltigen Eindruck machte auf uns die große Zahl der Museumsbesucher, viele von ihnen offensichtlich nicht der intellektuellen Schicht angehörend, die andächtig die Bilder betrachteten und ihre Schönheit zu verstehen suchten.

In den 20er Jahren waren Bücher von Frank in der UdSSR veröffentlicht, seither jedoch nicht wieder aufgelegt worden.

Fedin führte Frank beim Verlag Goslitizdat ein, der für Bücher ausländischer Autoren verantwortlich war. Als Folge dieser Gespräche wurden 1958 seine »Gesammelten Werke« veröffentlicht.

Zu schnell waren die drei Wochen vergangen, und der Schriftstellerverband veranstaltete eine Abschiedsfeier für uns. Man hoffte, diesem ersten Besuch würden weitere folgen.

Bei der Rückkehr in das Hotel bot sich uns ein grandioses Schauspiel. Es war kurz vor dem Jahrestag der Oktober-Revolution, an dem alljährlich die große Militärparade auf dem Roten Platz stattfindet. In der Nacht ruht der Verkehr, und eine Generalprobe für den Aufmarsch findet statt. Von unserem Fenster aus konnten wir die Straße beobachten, die zum Roten

Platz führte. Das Aufgebot an fahrenden Waffen, vor allem an Tanks, Geschützen und Raketen, war imponierend. Und die Luft dröhnte von den Geschwadern der Kampfflugzeuge. Frank neigte sich zu mir und sagte: »Ein Glück, daß sie auch so etwas haben. Das wird einen dritten Weltkrieg verhindern.«

Im Herbst 1957, als Frank 75 Jahre alt war, wurde er von der Humboldt-Universität in Ostberlin zum Ehrendoktor ernannt. In der Festrede nannte Professor Dr. Magon Frank einen bedeutenden Dichter, Streiter für soziale Gerechtigkeit, Menschenglück und Frieden, einen Meister und Pfleger der deutschen Sprache. Ich sah Frank lächeln. Unsere Blicke trafen sich. Wie freute ich mich über dieses Lächeln. Nachdem Frank mit den Honoratioren den Saal verlassen hatte, stürmten die Studenten heraus und umringten Frank. Ich ließ ihnen den Vortritt.

8

Das Ende

Im Jahre 1952 erschien »Links wo das Herz ist«. Es war das letzte in der Bundesrepublik von der Nymphenburger Verlagshandlung verlegte Werk Leonhard Franks. 1958 wurde »Mathilde«, das 1950 bei S. Fischer herausgekommen war, noch einmal von Kindler gedruckt.

Kein anderer westdeutscher Verleger wollte die Bücher Leonhard Franks herausbringen. Die Verkaufszahlen der Nymphenburger Verlagshandlung fielen auf einen so niedrigen Stand, daß Frank seinem Freund Konstantin Fedin schrieb, er würde verhungern, wenn er von den Einkünften seines literarischen Werkes in der Bundesrepublik abhinge. In der DDR und im Ausland jedoch erschienen seine Bücher in hohen Auflagen.

Er arbeitete weiter, hatte aber keinen Erfolg mehr. Sein Drama »Ruth«, die Geschichte eines jüdischen Mädchens, einer Figur aus den »Jüngern Jesu«, wurde zwar in der DDR, nicht aber in der Bundesrepublik gedruckt und nur ein einziges Mal – in Gera – aufgeführt. Frank wurde teils ignoriert, weil das Publikum nicht mehr daran interessiert war, die unbequemen Wahrheiten seiner Bücher zu lesen; zum anderen wurde er geflissentlich boykottiert wegen seiner liberalen Einstellung und seiner toleranten Treue den Freunden im Osten gegenüber.

Daß sein Drama »Ruth« in der Bundesrepublik nie aufgeführt wurde, war für Frank besonders schmerzlich. Er sagte mir, die Bühne sei für ihn wichtig, da durch sie das Publikum unmittelbar erreicht und aufgewühlt würde. Wie Schiller und Brecht glaubte er an das Theater als moralische und politische Institution. »Ruth«, dieses Stück gegen Antisemitismus und Rassenhaß, wurde von keiner westdeutschen Bühne angenommen. Ein Intendant, dem Frank das Stück vorlegte, meinte: »Ach, lassen Sie doch die ollen Kamellen ruhen. Sie sind zu direkt, Frank.«

Darauf Frank: »Die Wahrheit kann nie direkt genug sein.«

Leonhard Frank, ein sensibler, auch depressiver Mensch, fühlte die abweisende Haltung ihm gegenüber. Und er litt darunter sehr, obwohl er sich selten aussprach. In seinem Inneren fraß sich der Kummer fest. Gelegentlich brach aber doch der Unmut heraus, zum Beispiel gegenüber einem Düsseldorfer Journalisten: »Ich werde diffamiert, meine Bücher werden in Westdeutschland totgeschwiegen. Für einen, der die Wahrheit sagt und nicht west-engagiert schreibt, sondern die Idee einer gesamtdeutschen Literatur vertritt, wird kein Finger gerührt. Im Gegenteil. Der Mann ist verdächtig.«

Einmal fragte ich Frank, warum er, in den 20er Jahren ein erfolgreicher und vielgelesener Schriftsteller und Mitglied der Preußischen Akademie der Künste, heute so wenig beachtet werde. Er habe, sagte er, nie seine Überzeugung verschwiegen, daß die Schwerindustriellen, Junker und Großbankiers Hitler 1933 an die Spitze gehoben und geschoben und geglaubt hätten, durch den Zweiten Weltkrieg ökonomisch und politisch wieder an die Macht zu gelangen. Der deutsche Arbeiter hingegen habe keinen Krieg, sondern den Sozialismus und ein friedliches Deutschland gewollt. Er habe auch kein Hehl gemacht aus seiner Enttäuschung über die restaurative Nachkriegsentwicklung in Westdeutschland. Deshalb würde er politisch verdächtigt und stillschweigend boykottiert.

Trotz seiner tiefen Enttäuschung plante er weitere Arbeiten. Er hatte vor, den zweiten Teil seines autobiographischen Romans »Links wo das Herz ist« zu schreiben. Er wollte die Zeit von 1952 bis zur Gegenwart sowie seine Einstellung gegenüber der DDR darlegen, die für ihn immer noch ein Teil Deutschlands war – er kannte nur ein Deutschland, eine deutsche Kultur, eine deutsche Literatur.

Ein noch ehrgeizigerer Plan war, einen »Roman der Zeit« über die Spannungen zwischen der Sowjetunion und den Vereinigten Staaten anhand menschlicher Schicksale zu gestalten. Auch reizte es ihn, den Konflikt zwischen Religion und kommunistischer Ideologie darzustellen. Er dachte an ein Zwiegespräch »Lenin und der Papst«: Auf einer Bühne rechts unten im Schatten Lenin, im Straßenanzug mit Schirmmütze; links, erhöht im hellen Licht, der Papst in vollem Ornat. Lenin: ›Eure Heiligkeit, glauben Sie jedes Wort, das Sie öffentlich aussprechen?‹ Der Papst zögert und schweigt zunächst, dann sagt er schließlich: ›Herr Lenin, glauben Sie jedes Wort, das Sie zu Ihren Anhängern sprechen?‹ Lenin darauf mit fester Stimme und ohne zu zögern: ›Ja!‹

Frank verbrachte viele Stunden am Schreibtisch. Aufmerksam beobachtete er das Weltgeschehen. Aber es fehlte ihm an Kraft, auch nur eines seiner literarischen Vorhaben auszuführen.
»Warum willst du nicht mehr schreiben?« fragte ich ihn.
»Was ich zu sagen hätte, würde kein Verleger drucken. Und für die Schublade schreibe ich nicht.«
Er hätte noch viel zu sagen gehabt. Er wollte nicht mehr.

Zu seinem 75. Geburtstag verlieh ihm der Bundespräsident das Große Bundesverdienstkreuz. Überreicht wurde es in der Staatskanzlei in München durch den damaligen Bayerischen Ministerpräsidenten Dr. Wilhelm Högner. Die Auszeichnung freute Frank. Als wir nach Hause zurückgekommen waren, nahm er die Schatulle für das Bundesverdienstkreuz, legte den DDR-Nationalpreis mit hinein und sagte zu mir: »Das ist meine Wiedervereinigung.«

Aber die Freude wurde durch einen gehässigen Artikel getrübt, der in Franks Vaterstadt Würzburg erschien und seine literarische Integrität in Frage stellte. Verzweifelt sagte er zu mir: »Die kontrollierbare Wirkung meines gesamten Lebenswerkes ist gleich Null.«

Die erste Zäsur in seinem Leben, die Emigration während des Ersten Weltkrieges, hatte Frank seinerzeit bald überwunden. Es folgten die produktiven und erfolgreichen 20er Jahre in Berlin. Von der zweiten Emigration während des Zweiten Weltkrieges jedoch hat er sich nie erholt. Die Hoffnungen, die er sich bei seiner Rückkehr gemacht hatte, gingen nicht in Erfüllung. Auf ihn traf das bittere Wort Alfred Polgars zu: »Die Fremde wurde nicht zur Heimat, aber die Heimat wurde fremd.«

In einem Fragment »Emigrant in der Heimat« schrieb Frank: »Was macht ein 78jähriger Schriftsteller, der ein umfangreiches Lebenswerk geschrieben hat, mit dem Rest seines Lebens? Was macht er, nachdem er eingesehen hat, einsehen mußte, daß seine Romane und alle großen Romane der Weltliteratur die Menschen und die gesellschaftlichen Verhältnisse nicht verbessert hatten? Was macht der 78jährige Schriftsteller, der keine Illusionen mehr hat? Der nicht bereit ist, sich selbst zu beruhigen mit der Lüge, daß seine Romane die Menschen menschlicher gemacht haben? Was macht der 78jährige mit dem Rest seines Lebens? Er schreibt, trotz aller verlorenen Illusionen, was sein Gewissen von ihm verlangt.«

Während des letzten Jahres, das ihm noch blieb, arbeitete er immer weniger. Er wollte Rechenschaft geben über die Nachkriegsentwicklung in Deutschland, Rechenschaft über Dinge, mit denen er nicht einverstanden war, er, für den im demokratischen Sozialismus Wahrheit und Hoffnung lagen. Auch dieses Buch, wie »Der Mensch ist gut«, wollte er den kommenden Generationen widmen. Aber seine Kraft reichte nicht mehr aus.
Nie werde ich den Augenblick vergessen, als er vom Schreibtisch aufstand, langsam zu mir kam, sich an den Türpfosten lehnte und nach einer langen Pause sagte: »Ich kann nicht mehr schreiben, Charlott!«
»Warum glaubst du das?« fragte ich leise.
»Es beginnt alles immer mit Karl und Anna.«

»Wenn wir Alten selber nicht mehr schreiben können, sollen wir die großen Themen der Zeit, die geschrieben werden müssen, an die jungen Schriftsteller weitergeben«, sagte er in einem Interview. Er fand kein Echo. Es wäre schön für ihn gewesen, mit jungen Schriftstellern über ihre Arbeit zu sprechen. Er liebte junge Menschen.
Wieder und wieder setzte er sich an den Schreibtisch. Er legte seinen Kopf auf den Arm auf der Tischplatte,

als wolle er sich vor der Welt abschirmen. Dann stand er auf, ging ruhelos im Zimmer auf und ab, bis er sich erschöpft wieder setzte und den Kopf auf den Arm legte. Er konnte nicht mehr, wollte wohl auch nicht mehr. Er schwieg, sehnte sich nur noch nach Ruhe. So vergingen Tage.

Frank, der vorher nie krank gewesen war, begann, an Bronchitis zu leiden. Sein Arzt, Dr. Walter Thaler, schickte ihn zur Kur nach Reichenhall. Ein Jahr später ging er noch einmal nach Kissingen.
Im Oktober 1960 lud uns der Sowjetische Schriftstellerverband wiederum ein. Frank dankte für die Einladung, bedauerte, sie aus gesundheitlichen Gründen, auch wegen der fortgeschrittenen Jahreszeit, nicht annehmen zu können.
Im Spätsommer 1961 erreichte uns die Nachricht, daß ein guter Freund in der DDR, der wegen politischer Kontroversen im Gefängnis gesessen hatte, wieder frei sei. Frank nahm sofort mit ihm Kontakt auf und schlug vor, ihn im Park Hotel in West-Berlin (die Mauer war noch nicht errichtet) zu treffen. Leider wurde nichts aus dieser Verabredung. Einen Tag vor unserer Abreise bekam Frank eine fiebrige Bronchitis. Der Arzt verbot ihm die Reise. Einige Zeit darauf traten neuerliche gesundheitliche Schwierigkeiten auf. Wir wandten uns an Dr. Manfred Schiller, der Frank bat, in die Privatklinik Josefinum zu einer gründlichen Untersuchung sowie einem kleinen Eingriff zu kommen.

Ich rief den Freund Dr. Ernst Müller-Meiningen jr. an: »Frank muß in die Klinik.«

»Ich bringe euch hin.« Er hatte schon eingehängt.

Frank stand mit einer Zigarette am Fenster und blickte in den Föhnhimmel. Müller-Meiningen kam. Frank drückte die »kalt« gerauchte Zigarette in den Aschenbecher. Er setzte sich in einen Sessel und legte die Füße auf den Klubtisch. Vom Schlafzimmer aus rief ich Müller-Meiningen zu: »Ende der Woche sind wir wieder zu Hause; der Arzt hat es versprochen.«

»Optimistin«, sagte Frank. »Also los jetzt.«

Ich ging noch einmal zurück ins Wohnzimmer, um nachzusehen, ob alles in Ordnung war und eilte die Treppe hinunter. Frank hielt die Wagentür auf. Ich zwang mich zur Ruhe.

Frank sah an der Fassade der Klinik empor. »Einen Mann mit 80 Jahren schickt man nicht in ein Hospital. Ihr glaubt doch nicht ernsthaft, daß ich hier lebend wieder herauskomme.«

Ich war inzwischen ein paar Schritte vorausgegangen, denn ich wollte selbst die Aufnahmeformalitäten erledigen und ihm die Frage auf dem Formular ersparen, wer im Falle des Todes zu benachrichtigen sei.

Als ich in das Krankenzimmer kam, machten sich Frank und Müller-Meiningen über ein Bild an der Wand lustig. Sie witzelten über eine breithüftige, vollbusige Reiterin, die in einem grünen Samtkostüm auf einem Schimmel thronte. Dazu blies ein Wind aus verschiedenen Richtungen, so daß die Mähne des

Pferdes nach rechts und die Feder am Hut der Reiterin nach links geweht wurden.

»Das Pferd hat viel zu dünne Beine«, sagte Frank, »sie einen so dicken... Hintern« – sein Blick war auf Schwester Mechtunde gefallen, die mir beim Auspacken half – »daß der Schimmel zusammenbrechen müßte.«

»Ja mei, es g'schehn noch Wunder«, meinte Müller-Meiningen. Die Schwester lachte mit.

»Ich rufe am Montag an. Mach's gut, Fränkli, alter Bazi.«

Er winkte ihm noch von der Türe aus zu.

»Und schreib du dein Buch über die deutsche Justiz! Nur du kannst es schreiben«, rief ihm Frank nach.

Fünf Jahre nach Franks Tod veröffentlichte Müller-Meiningen seine »Kommentare von Gestern und Heute«. Er schenkte mir den Band mit der freundlichen Widmung: »... es ist dies ein kläglicher Ersatz für das mir von Frankie anbefohlene, noch immer nicht geschriebene Buch.«

Es war schwül und föhnig. Ich öffnete die Fensterflügel weit. »Dieses Klima ist lebensverkürzend«, sagte Frank.

Die Sonne war schon hinter dem Dach verschwunden. Im Garten bewegte sich nicht ein Blatt. Zwei Schwestern gingen langsam auf den schmalen Wegen entlang. Am Rande einer kleinen Grünanlage setzten sie sich auf eine Bank. Die Oberin ging, im Brevier lesend, an den beiden vorbei. Ihre dunklen Gewänder, die breiten, gestärkten Hauben, die ihnen tief in der Stirn saßen, ihr Schweigen bedrückten mich. Ich trat vom Fenster zurück.

»Hinten ist's schon ganz schwarz. Es kommt ein Gewitter.«

»Das wäre gut«, sagte Frank, »ich brauche Luft.«

Er legte sich aufs Bett, um die Zeitung zu lesen. Da das Tageslicht von der falschen Seite kam, drehte ich das Bett herum. Eine Schwester kam an die Tür und sah mißbilligend die Veränderung. Ich erklärte ihr den Grund. Kühl erkundigte sie sich nach den Wünschen für das Abendessen. Frank schüttelte den Kopf und las weiter.

»Brühe mit Ei, bitte sehr heiß«, sagte ich, »und. . .«

»Am Sonntag gibt es nur kalte Platte.«

Die Schwester schaute auf die Uhr, die an einer Kette um ihren Hals hing. »Sie müssen jetzt gehen!«

Ich erschrak, denn ich hatte es für selbstverständlich gehalten, bei meinem Mann bleiben zu dürfen.

»Ich lasse meinen Mann nicht allein. Wir waren noch nie getrennt«, sagte ich fast vertraulich zu ihr.

»Es ist nicht erlaubt, wir können keine Ausnahme machen.«

»Dann werde ich mit dem Arzt sprechen.«

»Heute ist keine Visite. Der Doktor kommt erst wieder morgen früh.«

»Dann rufe ich ihn an«, sagte ich kurz.

»Er wird Ihnen auch nichts anderes sagen«, widersprach sie.

Die Türe fiel ins Schloß. Die Krankenschwester fühlte wohl ihre Autorität gefährdet und glaubte, sie durch Widerspruch und Strenge aufrecht erhalten zu können. Ich ging zum Telefon, um in Dr. Schillers Wohnung anzurufen. Da er nicht da war, bat ich um seinen Rückruf.

Als die Schwester das Essen brachte, ließ Frank es stehen. Brühe (›Also doch!‹ dachte ich) und Tee waren kalt. Ich aß und trank alles, um die Schwester nicht zu verärgern. Das Telefon läutete.

Ich trug das Tablett in die Teeküche und sagte zur Schwester: »Dr. Schiller erlaubt mir, bei meinem Mann zu bleiben.«

Sie antwortete nichts.

»Mein Mann war noch nie in einem Krankenhaus. Verstehen Sie doch, bitte.«

Sie nahm das Tablett und kehrte mir den Rücken zu.

Ich ging zu Frank zurück. »Es ist heute ein so schöner Abend. Wollen wir ein wenig spazierengehen?«

»Wenn du willst.«

Ich merkte, daß er nicht recht wollte. Das Gewitter schien anderswo niedergegangen zu sein. Es war kühler geworden. Ich mußte ohne Kissen schlafen. Für die nächsten Nächte bekam ich dann eines und auch eine zweite Decke.

Als ich am Morgen aufwachte, schlief Frank noch. Ich fror. Meine linke Seite war nicht gewohnt, alleine zu liegen. Um sieben Uhr kam Dr. Schiller mit seinem Assistenten und mit Schwester Mechtunde.

Während der Assistenzarzt Frank eine Spritze gab, unterhielt er sich mit ihm über seine Bücher. Die anderen sprachen über den »greislichen« Föhn, wie man in England über den Nebel spricht. Dann durfte ich Frank in den Operationssaal fahren. Die Ärzte gingen neben mir her.

In einem Nebenraum wartete ich. Eine Stunde hat sechzig Minuten, und zwanzig Minuten können so lang sein wie eine Stunde. Die Sonne kam nicht durch, die Ziegel auf dem gegenüberliegenden Dach sahen stumpf aus, gurrende Tauben saßen auf der Regenrinne. Die medizinischen Zeitschriften auf dem Tisch interessierten mich nicht, trotzdem blätterte ich sie durch. Flügelschlagen schreckte mich hoch, die Tauben flogen auf.

Endlich öffnete sich die Tür. Frank schlief noch, sein Atem ging ruhig und gleichmäßig wie immer. Er wurde in sein Zimmer zurückgefahren. Dr. Schiller und die Schwester legten ihn behutsam ins Bett.

»Es ist alles in Ordnung, haben Sie keine Angst!«

Eine alte Nonne war leise eingetreten, setzte sich mit einer Handarbeit ans Bett. Sie hatte sich ihr Fußbänkchen mitgebracht, auf dem stand ›Friede sei mir Dir‹.

Die wachsame Schwester erhob sich. Ich schrak auf.

»Ist etwas, Schwester?«

»Aber nein. Er wacht auf.«

Ich stellte mich vor sie. Frank sollte mich zuerst sehen. Er war schwierig und hätte ungern eine Schwester dicht an sich herangelassen. Als einmal eine neue Schwester kam, war er barsch zu ihr und ließ sie nicht in seine Nähe. Als die Nacht nahte, sagte ich zu ihm: »Es ist alles in Ordnung, Frank.«

»Nichts ist in Ordnung«, antwortete er.

Ein paar Tage später durfte er aufstehen. Wir gingen langsam den Gang entlang.

»Ein heller Wahnsinn, den Boden zu wachsen! Das ist gefährlich. Man kann sich ja die Beine brechen«, schimpfte Frank, während wir auf und ab gingen. Als ich ihn stützen wollte, ließ er es nicht zu. Er wollte nicht bemuttert werden. Wann immer ihm etwas fehlte, wollte er in Ruhe gelassen werden. Plötzlich ging er sehr langsam. Ich hatte Angst, daß er stürzen könnte und hielt ihm den Arm hin.

»Gib acht, daß du nicht ausrutschst mit deinen hohen Absätzen.«

»Dann halte du mich fest«, sagte ich.

Auf dem Rückweg hing er schon an meinem Arm. Dies beunruhigte mich sehr, und ich war froh, als er wieder in seinem Sessel saß.

»Noch zwei Tage, und wir sind wieder zu Hause, Frank. Freust du dich nicht?« Er sagte nichts.

Am 13. August 1961 kam ich zu Frank ins Zimmer gelaufen, schwenkte die Zeitung und rief ihm zu, daß die DDR eine Mauer quer durch Berlin gebaut hätte.

»Na endlich! Es war an der Zeit«, sagte er. Ich erwiderte: »Die Menschen sind jetzt Gefangene.«

Geduldig erklärte er mir, daß die Mauer für die DDR notwendig sei, um eine Ausbeutung durch den Westen zu verhindern. Er hielt es für richtig, daß beiden Teilen Deutschlands die Gelegenheit gegeben würde, sich getrennt voneinander jeder auf seine Weise zu entwickeln. Was die DDR beträfe, meinte er, werde es noch einer langen Zeit bedürfen, bis sich dort eine wirklich demokratische und sozialistische Gesellschaftsordnung entwickelt hätte.

Am Freitagabend kam der Arzt früher als gewöhnlich.

»Was gibt's Neues? Niederschmetterndes?« fragte Frank leicht ironisch.

»Nichts Neues. Ich bin überarbeitet.«

»Ich beneide Sie.«

Der Arzt nahm ein Buch in die Hand, das ein unbekannter Autor Frank in die Klinik geschickt hatte.

»Haben Sie es gelesen? Ist es gut?« Der Arzt setzte sich zu Frank und beobachtete ihn.

»Bockmist, alles Bockmist! An die wichtigen Themen traut sich kein Mensch mehr heran. Dabei liegen sie auf der Straße.«

»Mir gefällt Ihre Art zu schreiben. Ihre Sprache ist so einfach und klar.«

»Die Arbeit muß der Schriftsteller tun und nicht der Leser.«

Der Arzt bat, »Karl und Anna« mitnehmen zu dürfen. Er wollte die Novelle gern noch einmal lesen. Er kannte sie, wie auch die »Räuberbande«, aus den USA, wo er Kriegsgefangener gewesen war.

»Bis Montag habe ich das Buch gelesen. Dann bringe ich es Ihnen wieder.«

Ich stutzte. »Sie haben doch versprochen, daß wir am Wochenende wieder daheim . . .«

»Warum diese Eile, gnädige Frau? Bleiben Sie bis Montag, dann fahre ich Sie beide nach Hause.«

»Warum erst am Montag?«

Der Arzt erhob sich. »Ihr Mädchen ist doch am Wochenende nicht bei Ihnen. Da haben Sie es bequemer hier.« Er gab Frank die Hand. »Ich hole Sie also am Montag ab.«

Ich muß sofort mit ihm sprechen, dachte ich, aber wenn ich aus dem Zimmer renne, merkt Frank etwas. Er lag ruhig und unansprechbar da, murmelte etwas vor sich hin und legte seinen Arm über die Augen. Ich muß den Doktor holen, dachte ich.

»Frankie, darf ich dem Doktor eine Rose schenken, eine von den langen, schönen? Wir haben doch so viele Blumen.«

»Natürlich.«

Ich rannte den langen Gang hinunter.

»Ist Dr. Schiller noch im Haus?« rief ich über das Treppengeländer einer Schwester zu.

»Er ist grad raus«, rief sie im Gehen zu mir herauf und ging weiter. Ich stand atemlos vor Dr. Schillers Auto, mein Herz schlug bis zum Halse.

»Warum dürfen wir nicht nach Hause?«

»Mir gefällt seine Gesichtsfarbe nicht.«

Ich machte eine hastige Bewegung, der Stengel der Rose brach ab. »Er war schon öfter so blaß. Er hat zu Mittag doch alles aufgegessen. Alles!«

»Ich bin erreichbar. Ich fahre über das Wochenende nicht fort.«

»Kommen Sie später noch einmal wieder? Soll er im Bett bleiben?«

»Aber nein. Gehen Sie ruhig noch etwas in den Garten.« Seine Hand winkte aus dem Wagen zurück.

Ich ging zu Frank ins Zimmer.

»Wir können in den Garten gehen, wenn du willst, es ist nicht mehr so heiß.«

Nach ein paar Schritten hatte er genug. Wir gingen zurück. Er sank aufs Bett. Diesmal ließ er sich von mir helfen.

In dieser Nacht bekam er den ersten Herzanfall.

Am nächsten Tag fühlte er sich matt, aber etwas besser. Die Farbe war wieder in seine Wangen zurückgekehrt. Es war der neunte Tag im Hospital. Ich saß am Fußende seines Bettes, Kopf und Rücken gegen die Wand gelehnt. Er sagte: »In vier Tagen bin ich tot.«

Mein Herz krampfte sich zusammen. Schon als Bub hatte er vorausgesagt, wann es in Würzburg oder in einem der benachbarten Dörfer brennen würde, und es war stets eingetroffen.

»Du weißt, es ist alles geordnet.«

Es klang, als ob es von weither komme.

»Laß uns alles sagen, was noch zu sagen ist.«

Ich schlang meine Arme um ihn, als könnte ich ihn vor etwas schützen, und drückte ihn an mich. Ein Weinkrampf schüttelte mich. Er ging vorüber.

»Du bist stärker als du glaubst. Du hast Kraft, meine kleine Charlott.«

»Nicht ohne dich! Wenn du ißt, wird alles gut sein; aber wenn du gar nichts ißt, dann kann es doch nicht mehr gut werden.«

»Du mußt tapfer sein.«

Ich mußte Luft holen, stand auf, ging zur Tür und wieder zurück, stand am Bett. Frank sagte: »Ich hätte dich immer wieder geheiratet.«

Ich küßte seine Augen und Hände.

Mit leiser Stimme bat er mich, die Schwester zu rufen, zu der er einmal so barsch gewesen war. Frank stützte sich auf seinen rechten Arm und sagte der Schwester, es tue ihm leid, daß er sie gekränkt hätte, und reichte ihr die Hand. Sie ergriff sie mit beiden Händen, blieb bei ihm stehen, dann ging sie rasch hinaus. Ihr kamen die Tränen.

Die Ärzte kamen täglich mehrere Male. Eine zweite Nachtschwester wurde hinzugezogen, die die ganze Nacht bei Frank bleiben konnte.

Frank sprach nur mehr ganz wenig und aß fast nichts mehr. Ich fühlte meine Machtlosigkeit. Das war das Unerträglichste. Ich mußte daran denken, was Frank mir einmal gesagt hatte – es war noch in Amerika gewesen –, als ich zu zweifeln begonnen hatte, daß wir je heiraten könnten: ›Liebe hilft, Liebe hilft über alle Hindernisse hinweg.‹

»Sie müssen endlich einmal richtig Ruhe haben und durchschlafen«, sagten die Ärzte zu mir. Sie bestanden darauf, daß ich in einem anderen Zimmer schlief.

»Die Schwester wird Sie am Abend hinaufbringen.«
Sie ahnten ja nicht, daß ich wußte, warum sie mich hinaufschickten. Als es nach der Abendvisite im Hause ruhig war, schlich ich mit meinem Kissen unter dem Arm hinunter zu Frank.

Auch in der zwölften Nacht blieb ich bei ihm, setzte mich neben sein Bett und schlang meinen Arm um ihn. Die Nachttischlampe war verdunkelt mit einem Tuch. Ich zog es etwas zurück. Franks Gesicht fühlte sich weich und warm an. Ein winziges Lächeln zog kleine Fältchen um seinen Mund.

Ich lehnte mich im Stuhl zurück, blickte zur Zimmerdecke, auf die Nachtschwester, zur Tür und dachte: ›Wir leben noch, hinter dieser hohen, weißen Tür. Du, die Nachtschwester und ich.‹ Dann schlief ich ein.

Am nächsten Abend ging ich wieder in das Zimmer nach oben. Ich war todmüde und schlief sofort ein. Am nächsten Morgen weckte mich Schwester Alana. Als ich hinunterging, stand Dr. Schiller vor Franks Zimmertür.

Frank war in dieser Nacht gestorben.

Frank sah friedlich und ruhig aus, seine Hände waren aufeinandergelegt.

Die Diagnose hieß Herzversagen. Es war der 18. August 1961.

Apathisch, wie in Trance, erledigte ich die notwendigen Formalitäten. Emmi, unser Mädchen, wurde benachrichtigt. Sie kam und packte Franks Sachen. Wir nahmen ein Taxi und fuhren nach Hause. Auf der Fahrt hörten wir im Radio, daß die DDR die gesamte Grenze zur Bundesrepublik gesperrt habe. Frank hatte es vorausgesehen.

Als ich in die Wohnung zurückkam, den kleinen Koffer auf den Boden stellte, Franks Hut an seinen Platz hängte, in das Zimmer hineinblickte, auf seinen Schreibtisch, auf seinen Stuhl, ging ich zum Sessel, auf dem er immer – die Beine auf dem Tisch – gesessen hatte, sah die Zigarette im Aschenbecher liegen, die er ausgedrückt hatte, hörte ihn sagen ›also gehen wir‹ – da brach das Schluchzen durch. Sein Mantel fiel zu Boden, ich hob ihn auf, drückte ihn an mich, verbarg mein Gesicht in einem Ärmel.

Emmi nahm mir den Mantel aus der Hand und hängte ihn an seinen Platz. Ich werde seinen Mantel immer berühren, wenn ich den Schalter anknipse, immer berühren, wenn ich ihn ausknipse.

Emmi blieb drei Tage und drei Nächte bei mir.

»Muß zur Oma, zu den Kindern.«

»Ja, natürlich, aber komm' wieder.«

»Freilich.«

Jetzt würde ich allein sein – ohne dich. Nein, nicht ganz. Ich stand nachts auf, las in deinen Büchern, schrieb Zeile für Zeile ab, lachte und trauerte mit deinen Figuren.

›Charlott, ich kann nicht mehr schreiben. Alles fängt mit ›Karl und Anna‹ an.‹ Das ist der Satz, den ich nie vergessen werde. ›Warum glaubst du das?‹ fragte ich dich behutsam, vorsichtig, leise. Von diesem Augenblick an wußte ich, daß du nie mehr schreiben wolltest. Und du hättest doch noch so viel zu sagen gehabt!

Einen Tag vor der Trauerfeier kamen Marie, Karl und Paula aus Würzburg. Vor der alten Marie stand ich verschüchtert wie ein Kind.

Am nächsten Morgen kam sie früh. »Hast dei Sach' beisammen?«

Sie ging ins Schlafzimmer und inspizierte die auf der Kommode bereitliegenden Gegenstände: Tasche, Handschuhe, den Hut mit dem Schleier, deutete auf etwas Weißes:

»Was ist das?«

»Mein Taschentuch.«

»Das langt nit, Charlott!«

»Ich hab' kein größeres.«

»Nimm eins vom Hardl.«

Sie öffnete eine Schublade.

»Blau geht doch nicht, Marie.«

Sie breitete ein anderes weit auseinander und faltete es wieder zusammen.

»Das nimmst«, und stopfte es in meine Handtasche.

»Hast dein Kranz?«

»Der ist schon draußen. Es ist alles vorbestellt.«

»Also, dann komm.«

»Wir werden abgeholt, Marie.«

Da weinte sie und sagte: »Ich wär' vor ihm drangewesen.« Sie zählte an den Fingern ab: »Erscht doch der Hans mit sei 89, dann ich und dann erscht der Hardl! Also, jetzt sowas! Hat's nit erwarte gekönnt!« Sie mußte sich hinsetzen. »Jetzt mag ich nimmer leb.«

Vor der Trauerfeier am 22. August, die in der Aussegnungshalle am Ostfriedhof sein sollte, hatte ich mich gefürchtet. Ich wollte keine Reden, überhaupt keine fremden Menschen um mich. Alles, was dann geschah, wurde über meinen Kopf hinweg beschlossen. Ganz in Schwarz mußte ich gehen, mit schwarzen Strümpfen und einem Trauerschleier. Andreas, Franks Sohn, hatte ich sofort telefonisch vom Tode des Vaters benachrichtigt. Er lag mit Gelbsucht in einem ausländischen Hospital. Gegen den Rat der Ärzte verließ er es jedoch, flog nach München und kam gerade noch rechtzeitig zur Trauerfeier.

Lilly Becher, die Witwe von Johannes R. Becher, und Klaus Gysi, Leiter des Aufbau-Verlages, waren aus Ostberlin gekommen. Die Trauerrede hielt unser

Freund, Dr. Rudolf Stählin, der damalige Pastor der Kreuzkirche in Schwabing. Seine Abschiedsworte waren: »Leonhard Frank ist ein freier Mann mit dem Mut, in dem, was ihm wichtig war, keine Kompromisse zu schließen. Das verlangte er von sich und von den Anderen, daß jeder den Mut zum eigenen inneren Auftrag habe.«

Klaus Gysi, Professor F. C. W. Behl und viele andere traten auf das Podium, um Abschied von Frank zu nehmen.

Ich wollte nicht mehr zuhören, wollte nicht mehr bleiben. Es ging über meine Kraft. Ich löste meinen Arm, den ich die ganze Zeit um die bitterlich weinende Marie gehalten hatte. Nach Orgelspiel und Gesang wurde der Vorhang langsam zugezogen. Verleger Kurt Desch und Rudolf Stählin führten mich heraus.

Allein im Auto sitzend, mußte ich an Franks Mutter denken. Die gute Mutter, die nie etwas Lesenswertes gelesen hatte, schrieb einmal unter einem Pseudonym einen Roman über das Leben einer Arbeiterfrau. ›Um Euch vor Winters Not zu schützen‹ stand in dem Begleitbrief an Frank. Die Mutter war 64 Jahre alt. ›Aber ich habe zuerst geschrieben. Das ist der Unterschied. In der Regel ist es umgekehrt‹, sagte Frank tief bewegt. ›Was ich bin, kam von ihr!‹

Meine Gedanken wurden unterbrochen. Vor dem Auto stand meine Freundin Hilde Schwarz, die als Überraschung zu Franks 80. Geburtstag ein Porträt gemalt hatte, das noch nicht ganz vollendet war.

»Charlottchen, ich mache das Bild nicht fertig. Du behältst es, ich schenke es dir, wie es ist. Ich bringe es dir morgen.«

Kein anderes Bild hat die tiefe Tragik der Enttäuschung in Franks Blick so gut dargestellt wie dieses Porträt.

Frank hatte bestimmt, feuerbestattet zu werden. Einige Tage nach der Trauerfeier traf ich Ernst Müller-Meiningen und Rudolf Stählin zur Beisetzung auf dem Nordfriedhof. Die Urne wurde in einem Rasenviereck der Erde übergeben, eingefaßt von einer breiten Hecke. An beiden Enden standen alte Bäume. Rudolf Stählin las ein paar Seiten aus der »Räuberbande«, die Stelle, an der der Fremde dem kleinen Old Shatterhand Ratschläge auf den Weg ins Leben mitgibt. Der Fremde und der kleine Old Shatterhand waren ein und dieselbe Person, nämlich Frank!

Rudolf Stählin klappte das Buch zu. Wieviel ergreifender als die offizielle Trauerfeier war diese Andacht von uns Dreien. Nach einer kurzen Pause, in der jeder in Gedanken versunken war, gingen wir, den lauen Wind im Rücken, weg von Old Shatterhand. Bevor wir um die Biegung am Brunnen und an der Bank, auf der ich täglich sitzen würde, kamen, hielt ich an, sah zurück und zeigte auf eine Amsel, die unbeweglich am Boden vor der Hecke stand und das Grab begutachtete.

Ein Jahr später lebte im Laub der Bäume eine ganze Amselfamilie.

Nachwort

I

Liebesgeschichten wie diese kann nur das Leben schreiben. Nur der Regie des Zufalls verzeiht man eine solch unglaubliche Anhäufung von Beinah-Begegnungen vor dem ersten, dem alles entscheidenden Zusammentreffen zweier Menschen, die vom ersten Augen-Blick an ahnen, daß sie auf geheimnisvolle Weise immer schon füreinander bestimmt waren.

Beinah hätten Charlott und Leonhard Frank einander schon 1929 in Berlin kennengelernt, wenn die junge Schauspielerin damals nur den Mut gehabt hätte, den berühmten Schriftsteller auf die noch unbesetzte Rolle in seinem Theaterstück ›Karl und Anna‹ anzusprechen, und wenn er, vertieft in ein Gespräch, die Elevin im Halbdunkel der Probebühne nicht glattweg übersehen hätte.

Beinah hätten sie dann ein Jahr später wieder Bekanntschaft miteinander schließen können, als Leonhard voller Entzücken Charlott an einem Tisch im Romanischen Café sitzen sah – nein, nicht Charlott, Hanna vielmehr, sein weibliches »Wunschtraumbild«, dem er im ›Ochsenfurter Männerquartett‹ literarisch Gestalt gegeben hatte. Alle Versuche jedoch, Hannas/Charlotts Spur aufzunehmen, nachdem sie mit einem jungen Mann das Lokal verlassen hatte, schlugen fehl.

Beinah wären Charlott und Leonhard einander in den dreißiger Jahren im Exil, in London, Paris oder New York über den Weg gelaufen, verkehrten sie doch, als Emigranten, in denselben Kreisen, mit denselben Freunden, Bekannten, Exilanten. Aber das Schicksal – oder der Zufall – wollte es anders.

»Er liebte die Zufälle, und die Zufälle liebten ihn«[1], schreibt Martin Gregor-Dellin im Nachwort zu einem Band mit ausgewählten Texten Leonhard Franks. Immerhin: Am 1. August 1948, zwanzig Jahre nach der ersten Beinah-Begegnung, wurde auf einer Farm in der Nähe von Kingston, drei Autostunden von New York entfernt, der Zufall für Leonhard und Charlott zum Schicksal . . .

II

1952 veröffentlichte Leonhard Frank seine Autobiographie ›Links, wo das Herz ist‹. Der letzte Teil des Buches ist der späten, ebenso schwärmerischen wie leidenschaftlichen Liebe zu der sehr viel jüngeren Charlott gewidmet. »Ich verrate dir jetzt«, so lautet der letzte Satz, »was das größte Glück für einen Mann ist. Sein größtes Glück ist, wenn die Frau, die er liebt, ihn liebt. Wer das nicht erlebt hat, hat nicht gelebt.«[2]

Um dem geliebten Mann ein spätes Denkmal zu errichten, hat Charlott Frank dreißig Jahre nach Leonhards Autobiographie die Geschichte ihrer Liebe und Ehe noch einmal erzählt, aus ihrem Blickwinkel, mit ihren Erinnerungen, mit dem, was über Leonhards Ausführungen hinaus über die letzten gemeinsamen Jahre bis zu seinem Tod 1961 noch zu sagen war.

Immer wieder einmal haben Autoren sich in literarischen Werken des Kunstgriffs des doppelperspektivischen Erzählens bedient, um deutlich zu machen, daß zwei Menschen, die dasselbe erleben, es längst nicht immer auf dieselbe Art und Weise erleben, um zu zeigen, wie sehr Erlebnis und Erfahrung vom erlebenden und erfahrenden Menschen abhängig sind. Hier nun liegt der seltene Fall vor, daß wir die reale Liebesgeschichte zweier Menschen unabhängig voneinander aus beiden Blickwinkeln miterleben und nachvollziehen können.

Charlott Franks Erinnerungen, neben die ihres Mannes gestellt, lassen ahnen, wie sehr die beiden, so unterschiedlich im Alter und im Temperament, in ihren Lebenserfahrungen und ihrer Reife einander ergänzt, wie sehr sie im Entscheidenden miteinander harmoniert haben müssen.

»Ein herzenswarmes Menschenkind mit unverstelltem Gemüt und ursprünglichem Gefühlsreichtum«[3] – so beschreibt Leonhard Charlott in seiner Autobiographie. Und genau so stellt sich die Verfasserin von ›Sagen, was noch zu sagen ist‹ ihren Lesern vor.

Die Liebenswürdigkeit dieses Buches erklärt sich vor allem aus der ebenso unpathetischen wie uneitlen Art und Weise, mit der Charlott Frank ihr Leben und die Jahre mit Leonhard Frank Revue passieren läßt. Sie erzählt farbig, plastisch, spontan, durchaus mit Sinn für Situationskomik – immer aufrichtig. Weder leugnet sie, den politischen Entwicklungen des Dritten Reiches mehr oder weniger verständnislos gegenübergestanden zu haben (»Es war der 27. September 1933, und ich hatte noch nichts begriffen«), noch gibt sie vor, eine Tochter jener weiblichen Emanzipationsbewegung zu sein, die in den ersten Jahrzehnten dieses Jahrhunderts schon vehemente Verfechterinnen gefunden hatte. Sätze wie: »Ich durfte ihn [den Weihnachtsbaum] so verrückt schmücken, wie ich wollte« – Kurt London, Charlotts erster Ehemann, hatte es gestattet –, oder: »Ich bettelte, fahren zu dürfen«, oder: »Es wird nicht gehen. Es wird niemals gehen. Er wird es nicht zulassen«, finden sich immer wieder in den Erinnerungen. So spricht – und schreibt – keine Frau, die die dominierende Rolle des Mannes im gesellschaftlichen wie im privaten Leben in Frage zu stellen, die ihre weiblichen Rechte und Freiheiten einzufordern gelernt hat.   Mit einer solchen Haltung tun wir uns heute, eingestandenermaßen, schwer. Aber sie war, daran ist nichts zu rütteln, in den Anfängen des 20. Jahrhunderts noch vieltausendfache Realität und die Regel, die von einer feministischen Minderheit nur bestätigt wurde.

Möglicherweise, wahrscheinlich sogar, konnte die Beziehung zwischen Leonhard und Charlott nur deshalb so überaus harmonisch verlaufen, weil Charlott – als Frau – so war, wie sie war. Denn nur so fügte sie sich geradezu optimal in jene Grundstruktur ein, die die Verbindung zwischen einer jungen Frau und einem wesentlich älteren Mann zu bestimmen scheint.

Leonhard Frank war 66, als er Charlott kennenlernte; sie war eine ganze Generation jünger als er. Leonhard hatte 1915 in erster Ehe Lisa Erdelyi geheiratet; sie starb nach nur achtjähriger Ehe. 1929 heiratate er die Polin Elena Maquenne. Aus dieser später geschiedenen Ehe stammte Leonhard Franks Sohn Andreas. Die Begegnung mit Charlott hatte für ihn vom ersten Moment an etwas Großes, Schicksalhaftes, das ihn zutiefst erfaßte und bewegte und ihn zugleich mit der Zuversicht erfüllte, daß alle Hürden, die einem gemeinsamen Leben mit dieser Frau im Wege stehen könnten, zu meistern seien.

Leonhard Frank, der radikale Pazifist und Menschenfreund (1915 veröffentlichte er sein Buch ›Der Mensch ist gut‹, eine kompromißlose Anklage des Krieges als Massenmord), galt in der Öffentlichkeit als schweigsam, geradezu wortkarg. Auch in seiner Autobiographie äußert er sich verhalten, beherrscht, distanziert – nicht zufällig erzählt er nicht in der Ich-Form, sondern in der dritten Person, gibt der Hauptfigur, die doch seine Züge trägt und sein Leben nachlebt, einen eigenen Namen, Michael Vierkant. Und dennoch – in der Schilderung seiner letzten großen Liebesgeschichten siegt immer wieder das ungestüme, nach Ausdruck verlangende Gefühl über die Reife und Reserviertheit des lebenserfahrenen Mannes. Leidenschaft paart sich hier mit väterlicher Fürsorge um das junge Wesen, von dem jeder Kummer und alle Sorgen ferngehalten werden sollen. »Es war die Wahl, die ein Geheimnis ist«, heißt es in ›Links, wo das Herz ist‹ über das erste Zusammentreffen mit Charlott auf der amerikanischen Farm. »Dieses einzigartige Gefühl beherrschte ihn . . ., zugleich mit dem drängenden Wunsch, ihr sofort alles zu sagen und sie gleich im ersten Ansturm zu sich zu nehmen. Aber er glaubte, daß sie trotz ihres heiteren

Wesens gegenüber ernsten Lebensentscheidungen im Gefühl langsamer sei als ihre berechnenden Schwestern, und bekam Angst vor seiner Ungeduld, Angst, sie zu erschrecken und zu verletzen.«[4] Oder, an anderer Stelle: «Ohne sie zu berühren, nahm er sie schützend in die Arme, nur allein mit einem lebensernsten Blick, der ihr sagte, daß es mit zu seinem Glück gehöre, sie vor allem Ungemach des Lebens zu bewahren.[5]

So wie Leonhard in seinen Beschreibungen immer wieder die Jugendlichkeit, das fast noch Kindliche, jedenfalls Schutzbedürftige Charlotts herausstreicht, betont Charlott ihrerseits das Gereifte, Besonnene in Leonhard, auch sein fortgeschrittenes Alter – »der weißhaarige Mann«, so nennt sie ihn in der ersten Zeit ihres Verliebtseins. Die Haltung, mit der Charlott dem einst berühmten Dichter begegnet, der sich so rührend um sie bemüht und sie auf seine spröde und dennoch herzliche Art und Weise geradezu vergöttert, ist gemischt aus einem Gefühl des Sich-geschmeichelt-Fühlens, aus Bewunderung und dem Wissen um die Geborgenheit in der Zuneigung des andern. Mit großer Selbstverständlichkeit, ja, sogar mit Dankbarkeit überläßt Charlott ihr eigenes Schicksal dem so viel Weiseren, Erfahreneren, der, wie ein kluger Pädagoge, die Fäden im Verborgenen in der Hand hält: »Man muß dir Zeit lassen. Nichts überstürzen. Wenn du mich willst, dann wirst du schon kommen, ganz von selbst.«

Tiefe Zuneigung, Fürsorge, auch Dankbarkeit für ein Stück zurückgeholter Jugend, für Nähe und Anteilnahme auf der einen, Bewunderung, Vertrauen und ein Gefühl des Geborgenseins auf der anderen Seite – kein Zweifel, Leonhard und Charlott fügen sich geradezu idealtypisch ein in das Beziehungsmuster zwischen einer jüngeren Frau und einem älteren Mann. Lange Zeit, auch in den dreißiger und vierziger Jahren noch, umgab diese Konstellation eine Aura des Besonderen, Außergewöhnlichen, mußte doch etwas nicht Alltägliches an jenem Mann sein, wenn ein junges Mädchen von ihm fasziniert war, und an jener jungen Frau, wenn ein erfahrener Mann sich in sie verliebte. Heute – und das ist sicher kein Zufall – hat diese Konstellation viel von ihrem Reiz verloren, steht weit zurück hinter einer anderen, die mehr und mehr gesellschaftsfähig, »chic«, wird, die des jungen Mannes und der älteren Frau ...

III

Mit einem Satz nur geht Leonhard Frank in seiner Autobiographie auf jene immerhin mehr als ein Jahr anhaltende Dreieckssituation ein, in der Charlott – sie selbst berichtet ausführlich darüber – zwischen zwei Männern stand, »den einen liebst du und kennst ihn kaum, den anderen kennst du schon so lange, bist ihm gut, und er ist dein Mann«.

Mag sein, daß Leonhard Frank in seiner geradlinigen, kompromißlosen Art die bedrückende Situation bis zu Charlotts Scheidung von Kurt London möglichst rasch verdrängen wollte. Mag sein auch, daß er sich des – glücklichen – Ausgangs so sicher war, daß für ihn die dazwischenliegende Zeit bedeutungslos wurde. Für die Monate zwischen Mai 1949 und Mai 1950 jedenfalls fehlt in ›Links, wo das Herz ist‹ jede Anmerkung. »Charlott wurde erst im Mai 1950 geschieden«, heißt es da nur lakonisch. »Auch in Amerika kann es Jahre dauern, bis eine Ehe geschieden ist, die Eheschließung dauert fünf Minuten.«[6]

Um so eindringlicher machen Charlotts Schilderungen das Prekäre des Dreiecksverhältnisses deutlich, bei dem, fast vom ersten Tag an, alle Karten offen auf dem Tisch lagen, bei dem jeder der beiden beteiligten Männer wußte, wie der andere zu der geliebten Frau stand und daß sie sich früher oder später für einen entscheiden mußte. Eine außergewöhnliche Situation, keine Frage, eine Situation aber auch, die vor dem Hintergrund jenes Ausnahmezustandes zu sehen ist, als der sich das Exil für jeden Emigranten darstellte.

220

IV

Leonhard Frank gehörte zu den ersten, die 1933 Deutschland verließen. Es war für ihn, der 1915 aus Empörung über den Ersten Weltkrieg in die Schweiz abgewandert war, die zweite Emigration. Nach Stationen in Zürich, London und Paris kam er 1940 in die Vereinigten Staaten. Dort gehörte er nicht zu denen, die sich, wie etwa Thomas Mann, im Exil ungebrochener Popularität erfreuen und ein Leben im Wohlstand führen konnten. In ›Links, wo das Herz ist‹ erzählt Leonhard – und Charlott wiederholt diese Geschichte in ihren Erinnerungen – von dem Einjahresvertrag, den er, ebenso wie Heinrich Mann, von der Warner-Brothers-Filmgesellschaft erhielt: »Michael mußte pünktlich um neun Uhr früh ins Studio kommen. Die Angestellte hinter dem Schalter notierte sein Erscheinen. Um fünf Uhr ging er, nachdem er sich den ganzen Tag gelangweilt hatte, und dafür bekam er jeden Sonnabend einen Hundertdollarscheck. Der amerikanische Filmautor im Büro nebenan, der 3500 Dollar die Woche verdiente, löste das Rätsel, warum Michael keine Arbeit zugewiesen bekam. Er sagte, kameradschaftlich lächelnd: ›Die halten es für vollständig ausgeschlossen, daß ein Schriftsteller, der für hundert Dollar die Woche arbeitet, etwas Brauchbares schreiben kann.‹«[7]

Franks Vertrag wurde nach Ablauf des Jahres nicht verlängert. Schriftstellerische Brotarbeiten, als Kritiker, Feuilletonist oder Übersetzer lehnte er ab. Seine finanzielle Lage war miserabel und blieb es bis zu seiner Rückkehr nach Deutschland 1950.

Hinzu kam die Isolation, kamen die menschlichen Entbehrungen, denn Leonhard Frank gehörte nicht zu denen, die sich in Gesellschaft, in Clubs und Cliquen, auf Parties und Festen wohlfühlten. Er war allein, ohne einen ihm nahestehenden Menschen, ohne Frau oder Partnerin. Gerade dieser Umstand wog unter den Bedingungen des Exils besonders schwer. »Für den im Exil arbeitenden, politisch tätigen, von Armut und Hoffnungslosigkeit täglich Bedrohten hat die liebende und geliebte Partnerin eine unvergleichlich größere Bedeutung als für den gesicherten Bürger«, hat Ernest Bornemann gesprächsweise einmal ausgeführt. »Die Liebe im Exil ist die täglich wiederholte Entdeckung der Heimat im Körper des geliebten Menschen.«

Mußte Leonhard da nicht die (Wieder-)Begegnung mit Charlott wie ein Zeichen des Himmels erscheinen – wie ein unmißverständlicher Wink des Schicksals, diese Chance, die letzte womöglich, zu ergreifen und nicht mehr loszulassen?

Charlott Frank hat das Exil anders, besser als die meisten anderen Emigranten erlebt. In ihren Erinnerungen ist nicht die Rede von materiellen Sorgen, von unwürdigen Wohnverhältnissen, von Aushilfsjobs als Tellerwäscherin, Servieren oder Friseuse. Daß sie vorübergehend bei der Library of Congress arbeitete, entstammte allein dem Wunsch, dem Gefühl der Langeweile und des Unausgefülltseins zu entkommen. Kurt London, Charlotts erster Mann, war, so erfahren wir, 1941 ans State Department nach Washington berufen worden, wo er eine höchst erfolgreiche Regierungslaufbahn absolvierte. Charlott lebte mit ihm in einem respektablen Haus, der Haushalt wurde von einer »Negermammy« geleitet, Charlotts Alltag war ebenso sorgenlos wie komfortabel.

Dieser Umstand und die Tatsache, daß sie in hohem Maße anpassungsfähig und flexibel war, sich rasch auf neue Situationen einstellen konnte, erklären wohl auch, weshalb sie, im Gegensatz zu so vielen anderen, ihr Exildasein nicht als bedrückend und den zeitweiligen Verlust der Heimat nicht als existentielle Erschütterung erlebt hat: ».. . das Englische war mir zur Gewohnheit geworden, die Sprache paßte mir wie eine Haut. Das Land, in dem ich lebte, gefiel mir – das weit entfernte Land meiner Geburt war ein Land der Rechtlosigkeit und Barbarei geworden. Das Böse überschattete die Erinnerung und verdrängte auch das Gute. Daß ich dort geboren war, änderte nichts daran.«

Charlott Frank schreibt wenig über ihre Ehe mit Kurt London. Es sei schon keine Ehe mehr gewesen, als sie ihm von Europa in die Vereinigten Staaten folgte, heißt es da beiläufig, ein Nebeneinander zweier Menschen demnach eher als ein Miteinander. Das Gefühl, gebraucht zu werden, als Mensch, als Frau, als ein Stück Heimat für den unter der Fremde leidenden Exilanten, hat ihr erst Leonhard Frank vermittelt. Ihm konnte sie sein, was Marta Feuchtwanger, die ihren Ehemann Lion ins Exil begleitete und ihre wichtigste Aufgabe darin sah, seinen Alltag zu organisieren, im Titel ihrer Autobiographie, leicht mißverständlich, ›Nur eine Frau‹ genannt hat, will sagen: »Ich war seine Frau, und er brauchte mich.«[8] Leonhard Frank brauchte Charlott als die Muse, die ihn zu neuen literarischen Arbeiten anspornte und ermutigte; er brauchte sie als Geliebte, die ihm Wärme, Nähe, ein Stück Heimat und Jugend gab; als Gesprächspartnerin, die Anteil nahm an seinem Leben; als Kritikerin schließlich auch, auf deren Urteil er Wert legte: »Wenn er eine Seite geschrieben hatte, las er sie sofort Charlott vor, die . . . unbestechlich kritisch war. Charlott konnte nicht auf den Punkt sagen, was schlecht war an einem Satz und wie er verbessert werden könnte. Sie fühlte nur, daß etwas nicht stimmte, und Michael mußte sich nach der Änderung eingestehen, daß ihr rein gefühlsmäßiges Urteil richtig gewesen war.«[9]

An dieser Rolle hat sich für Charlott Frank auch nach der Rückkehr nach Deutschland nichts geändert. Es gab für Leonhard Frank dort keine Möglichkeit, an seine einstigen Erfolge anzuknüpfen und an die Hochachtung, die sich früher mit seinem Namen verband. Er war in Vergessenheit geraten. So folgte auf die wirkliche die innere Emigration.

Sie wurde noch vertieft durch Franks politische Absage an die, wie er sie in seiner Autobiographie nennt, »Haben-haben-Wirtschaftsordnung«[10] der Industrieländer, die für ihn eines Tages von der sozialistischen Wirtschaftsordnung würde abgelöst werden müssen. Mit solchen Äußerungen schuf Frank sich in der jungen Bundesrepublik nicht unbedingt Freunde. Zu einem Wechsel in die DDR, wo ihm und seinem Werk in den Nachkriegsjahren weit mehr Aufmerksamkeit geschenkt wurde, konnte er sich dennoch nicht entschließen. Leonhard Frank hat, so erfahren wir in Charlotts Erinnerungen, unter der Vergessenheit und Verständnislosigkeit, denen er allenthalben begegnete und über die auch einige Auszeichnungen nicht hinwegtrösten konnten, sehr gelitten. Wieviel mehr wohl hätte er noch leiden müssen, wäre nicht Charlott in all der Zeit an seiner Seite gewesen, um das triste Los eines Vergessenen mit ihm zu teilen ...

V

›Sagen, was noch zu sagen ist‹ erschien erstmals 1982, in dem Jahr, in dem sich Franks Geburtstag zum hundertsten Mal jährte. Auch dieses Buch hat nicht vermocht, was Leonhard Frank selbst nicht gelang – den Schriftsteller und sein Werk aus der Vergessenheit in das Licht einer breiten Öffentlichkeit zurückzuholen. Aber ist es denn allein dieser Anspruch, an dem es sich messen lassen muß? Da sind die Schilderungen aus dem Berlin der zwanziger und dreißiger Jahre, da sind die Beschreibungen des Lebens im Exil, da ist so manche scheinbar flüchtige Beobachtung, in der eine Szene, eine Begebenheit auf den Punkt gebracht, ein Mensch treffend charakterisiert wird. Und da ist schließlich jene so ungewöhnliche Liebesgeschichte, ungewöhnlich auch in ihrem Happy-End. Die sie selbst erlebt hat, Charlott Frank, erzählt sie auch aus dem Abstand der Jahre noch mit mitreißendem Temperament, spannend und amüsant. Den Schatten- und Nachtseiten der Wirklichkeit, vieltausendfach erlebt und beschrieben, setzt dieses Buch mit nüchterner Glaubwürdigkeit die Zuversicht entgegen, daß es immer auch die andere, die Lichtseite gibt, ein Stück Glück, irgendwann, irgendwo im Leben, den einen oder anderen glückli-

chen Zufall. »Der Zufall ist blind, auch dann blind, wenn er
scheinbar einmal sieht; er ist immer nur das, was der Mensch
aus ihm macht.«[11]

Rita Mielke

Anmerkungen

1 Leonhard Frank. 1882/1982. Die Summe. Hrsg. Martin Gregor-Dellin. München, 1982. S. 418

2 Frank, Leonhard: Links, wo das Herz ist. München,[2] 1967. S. 344

3 ebda. S. 312

4 ebda. S. 310 f.

5 ebda. S. 324

6 ebda. S. 327

7 ebda. S. 279

8 zitiert nach: Kreis, Gabriele: Frauen im Exil. Dichtung und Wirklichkeit. Darmstadt, 1988. S. 45

9 Frank, Leonhard: a.a.O., S. 328

10 ebda. S. 343

11 ebda. S. 318

Weitere Titel aus der Reihe
›Die Frau in der Literatur‹

MAXIM GORKI
**Ein Mensch
wird geboren**
Frauenerzählungen
Mit einem Nachwort von
Christa Ebert
Ullstein Buch 30252

HILDE SPIEL
**In meinem
Garten schlendernd**
Essays
Mit einem Nachwort von
Marcel Reich-Ranicki
Ullstein Buch 30253